Pourquoi nous sommes véganes

Nous ne sommes pas nées véganes: nous le sommes devenues[1]. Et nous le sommes devenues au hasard de nos expériences, pour différentes raisons et par de multiples causes. À vrai dire, on peut être végane de bien des manières: parce que c'est bon pour la santé ou pour faire chier ses parents. Nous sommes véganes pour des raisons politiques et morales.

Nous sommes d'abord véganes parce que nous ne sommes pas spécistes. Nous pensons qu'appartenir à une espèce donnée, aussi bien qu'à une «race» ou à un genre, n'est pas une propriété moralement pertinente. Être capable de ressentir des émotions, de la douleur ou du plaisir, en revanche, cela compte. Or, selon la Déclaration de Cambridge pour la conscience animale, c'est là une disposition qu'*Homo sapiens* partage avec au moins l'ensemble des vertébrés.

Nous sommes donc véganes pour des raisons d'éthique animale: parce que la justice et la compassion sont des vertus, parce que les animaux non humains ne sont ni des choses ni des marchandises, et parce que les profits que nous tirons de leur exploitation sont sans commune mesure avec les souffrances que nous leur imposons. Nous croyons dès lors qu'il y a un impératif moral à tenir compte des intérêts des animaux non humains lorsque nous prenons des décisions qui les concernent.

Nous sommes aussi véganes parce que nous nous soucions de l'environnement. Comme le souligne le dernier rapport de la FAO (l'Organisation des Nations Unies pour l'alimentation et l'agriculture), la consommation de

1 Nous utilisons le féminin par défaut.

Refuge RR. Photo Katya Konioukhova

produits animaux contribue davantage à nos émissions de gaz à effet de serre que l'ensemble des transports. On sait aussi que l'élevage s'accompagne de déforestation, de pollution des eaux et de pertes importantes de biodiversité. Nous croyons donc que quiconque envisage sérieusement les conséquences de l'exploitation animale sur la planète et ses habitant.e.s devrait faire la promotion du véganisme.

Nous sommes véganes, enfin, parce que nous sommes écoféministes et humanistes. Nous condamnons toutes les formes de privilèges injustes ou de discriminations arbitraires: spécisme, bien sur, mais aussi capacitisme, racisme, classisme, sexisme, hétérosexisme, transphobie, grossophobie, etc. Nous croyons que c'est à l'intersection de ces oppressions qu'il faut penser et lutter. Nous croyons aussi que davantage de respect envers les autres animaux améliorerait le sort des humains les plus vulnérables. Pour tous, ce serait un progrès moral.

Autrement dit, nous ne sommes pas véganes par orthodoxie alimentaire ou par besoin de pureté individuelle. Notre engagement est politique et moral. Attentives aux avancées scientifiques, nous sommes aussi critiques, ouvertes et pragmatiques. Nous sommes véganes pour les animaux, pour les humains et pour la planète. Nous le sommes parce que, au-delà de nos différences, nous partageons un désir de progrès et de justice. Bref, nous sommes véganes pour un monde meilleur.

— L'équipe de *Véganes*

SOMMAIRE

Génération végane

Martin Gibert

C'est toujours un peu con de parler de générations. C'est pas très sociologique. Pas super original, non plus. Il n'empêche : il se passe bien quelque chose avec le véganisme. Il y a une prise de conscience individuelle et collective, des bijoux dans le nez, des t-shirts rigolos, des solidarités et des luttes. Il se passe quelque chose lorsque des ados font avaler leur militantisme à leurs parents ; et lorsque les parents, dans le fond, sont plutôt fiers de leurs ados. Il se passe comme un mouvement social.

Quelques chiffres pour commencer. En France, on parle de 3 % de végétariens et de végétaliens ; on en compterait 8 % au Canada. Pas beaucoup de données pour les véganes, sauf en Angleterre, où ils seraient plus d'un demi-million – soit près de 1 % de la population. Mais au-delà de ces chiffres, c'est surtout le rythme de la croissance qui frappe. En Angleterre, par exemple, il y aurait trois fois et demie plus de véganes qu'il y a dix ans. Il faut aussi regarder du côté de celles et ceux qui considèrent sérieusement de changer leurs habitudes : 10 % des Françaises et des Français envisagent d'abandonner la viande, et 25 % des Canadiennes et des Canadiens entendent réduire leur consommation.

Si le véganisme, enfin, parle davantage aux milléniaux, c'est peut-être tout simplement parce que les jeunes sont habituellement plus progressistes que leurs ainé.e.s.

Évidemment, c'est à la fois beaucoup et bien peu. On se consolera en rappelant que toutes les données disponibles indiquent que les jeunes sont à l'avant-garde du mouvement. Au Canada, par exemple, ce sont 12 % des 18-34 ans qui se déclarent végétarien.ne.s. Et dans mes cours à l'université, après une séance d'éthique animale, c'est beaucoup plus que ça ! On est alors en droit de se demander si la génération végane n'est autre que celle des *milléniaux*, la génération Y. Car c'est ainsi qu'on appelle la cohorte des personnes nées entre 1982 et 2000. Mais qu'est-ce qui distingue les moins de 35 ans des générations précédentes, les X et les baby-boomers ?

Digital native et écolo

On notera d'abord que pour eux, les nouvelles technologies de l'information ont toujours fait partie du quotidien – beaucoup sont *digital natives*. Or, nul doute que les vidéos virales et autres blogues sont un accélérateur incroyable pour diffuser l'éthique antispéciste. La génération végane, c'est celle qui a partagé le YouTube de Luiz Antonio, le garçon brésilien qui voit sa pieuvre comme un animal mort. Elle a aussi épinglé des émojis de colère sous des images d'abattoirs certifiés bio. Dans le fond, cette génération est la preuve que l'accès à l'information – aux arguments et aux images – ne peut que jouer en faveur du véganisme.

Il faut aussi dire que le web permet d'échapper un peu à la propagande carniste. Quand j'y pense, je suis plus ou moins devenu végane lorsque j'ai cessé de regarder la télé (j'avais aussi une thèse à écrire...). Ça m'a certainement aidé. Car le défilé des pubs spécistes et des émissions de cuisine proviandes se sédimente quelque part dans un coin du cerveau. Bon an mal an, avec les algorithmes de Facebook à la rescousse, la génération végane peut se soustraire à la normalisation de la violence faite aux animaux. C'est aussi un risque d'entre-soi, car on finit parfois par oublier que tout le monde n'associe pas 214 à L, ou 269 à *life*.

Un autre trait des milléniaux, c'est qu'ils ont grandi dans la crise écologique. Ils ne peuvent pas ne pas se soucier de l'environnement. Contrairement à leurs ainé.e.s, et les progrès de la médecine aidant, ils ont de bonnes raisons d'espérer vivre jusqu'au bout du siècle. C'est aussi pourquoi ils ont de bonnes raisons de redouter la crise climatique. Or, pour celles et ceux qui connaissent l'impact des produits animaux sur l'environnement, le choix du véganisme n'est rien de plus qu'un choix rationnel. C'est le choix du bon sens et de la prudence. Que fait la génération végane ? Elle décide simplement de donner l'exemple.

Si le véganisme, enfin, parle davantage aux milléniaux, c'est peut-être tout simplement parce que les jeunes sont habituellement plus progressistes que leurs ainé.e.s. Il est d'ailleurs bien plus facile de casser une habitude à 20 ans qu'à 40. On peut aussi faire l'hypothèse qu'un certain seuil de notoriété a été atteint – et je ne parle pas seulement du mot dans le dictionnaire. Contrairement aux générations précédentes, beaucoup de milléniaux connaissent un ou une végane. C'est le frère d'un ami, l'ex-copine d'une copine. Le véganisme est là : il est présent dans le paysage éthique et politique. Il incarne une possibilité de vie concrète. Les véganes sont là : et peu importe leur âge, ils témoignent d'un mouvement contreculturel et antispéciste. Nous sommes là.

P.-S. : Vous aurez peut-être noté que *Versus* est devenu *Véganes*. C'est que le titre n'était pas disponible dans le domaine juridique français. C'est aussi la marque d'une nouvelle étape dans l'expansion du magazine : nous sommes heureux de collaborer désormais avec les éditions La Plage.

Martin Gibert est rédacteur en chef de *Véganes*. Il est aussi l'auteur de *L'imagination en morale* (Hermann, 2014) et de *Voir son steak comme un animal mort* (Lux, 2015).

Ce qui nous manque le plus, c'est l'imagination

Brigitte Gothière

Alors que les revendications du mouvement pour les animaux ne peuvent plus être ignorées, il est temps de faire acte d'imagination politique et de penser l'après-spécisme.

Les idées antispécistes que nous défendons percent de plus en plus dans le débat public. Il ne se passe pas une semaine sans qu'un article, un reportage, une émission ou un livre n'aborde la question animale. Les arguments en faveur d'une remise en question de nos pratiques et de nos mentalités à l'égard des autres animaux sont de plus en plus audibles dans notre société. La rigueur du raisonnement éthique, les preuves scientifiques de la sentience des animaux, l'injustice et la cruauté de leur sort dévoilées au grand jour favorisent cette évolution. Y contribue également la diffusion de l'information sur les conséquences néfastes des modes de consommation actuels sur l'environnement, la santé, les conditions de travail ou l'équitable distribution des ressources, en particulier dans les pays pauvres. Le tout ébranle, malheureusement encore trop légèrement, le spécisme ancré dans notre société.

Au sein du mouvement pour les animaux, de nombreuses approches alimentent la réflexion et l'action. S'il y a des débats sur la stratégie à adopter pour arriver le plus rapidement possible à un monde végane, chaque membre du mouvement œuvre sincèrement pour la fin du spécisme avec courage et détermination.

Il reste beaucoup à faire et de nombreuses pistes restent à explorer, notamment dans le domaine du « Comment y parvient-on ? À quoi ressemblerait un monde non spéciste ? ». Orienter nos réflexions vers ces sujets me parait aujourd'hui fondamental.

Se projeter dans l'avenir

En effet, qui arrive à se projeter, à se représenter concrètement, précisément, ce que serait une société débarrassée du spécisme ? Quelles seraient nos relations avec les autres animaux ? Comment prendre en compte leurs besoins, leurs désirs ? Comment les comprendre ? Saurions-nous trouver de part et d'autre le chemin d'une réelle communication ? Oserions-nous tout entendre ? Comment cela modifierait-il l'architecture de nos villes et les paysages de nos campagnes ? Que deviendraient notre agriculture, notre économie ? Quels seraient les nouveaux métiers, comment évolueraient ceux qui existent aujourd'hui ? Quelles mutations surviendraient dans notre culture, dans nos habitudes, dans nos traditions ? Comment repenser nos institutions ? Comment construire un vivre-ensemble équitable ?

Nous n'en sommes qu'aux premiers pas sur ces thèmes. *Zoopolis*, le livre de Sue Donaldson et Will Kymlicka (Alma Éditeur, 2016), offre des pistes de réflexion vraiment intéressantes et pertinentes sur une organisation politique étendue aux autres animaux dans une société future. La sortie de cet ouvrage en français devrait permettre aux francophones de s'autoriser à dessiner des contours peut-être plus précis au projet sur lequel nous travaillons sans relâche. Eva Meijer (*Communication politique avec les animaux*, 2013) prolonge ces réflexions en se posant la question de la communication humanimale de façon plus aiguë. Aymeric Caron, dans *Antispéciste* (éditions Don Quichotte, 2016), propose une réforme des institutions permettant une meilleure prise en compte des intérêts des animaux. Les idées ne demandent qu'à fuser : aucun obstacle (théorique ou pratique) n'est infranchissable.

Ce type de prospection, de projection devrait être vivement encouragé, se multiplier, s'intensifier. Qu'on puisse mieux concevoir soi-même et qu'on soit plus à l'aise pour essayer de faire imaginer aux autres à quoi pourrait ressembler une société partagée avec les autres animaux. Il me semble aussi qu'il manque encore une exploration fine des chemins possibles pour parvenir à cette société que nous sommes de plus en plus nombreux à appeler avec force.

Aujourd'hui, certains de nos contradicteurs – je vous épargne les réactionnaires arc-boutés sur les traditions – s'interrogent sur la place que nous accorderons aux autres animaux, se posent des questions de modèle économique, de reconversion des êtres humains dont le revenu dépend de l'asservissement des animaux non humains.

D'autres taquinent sur la gastronomie, mais je crois qu'ici, concrètement, la question ne se pose plus, tant les initiatives concernant cet aspect de la transition sont nombreuses et variées. Leur progression est d'ailleurs impressionnante.

Il nous faut maintenant offrir des scénarios de sortie de l'ère des abattoirs, oser se poser des questions qui dérangent. Il restera sans doute des zones un peu floues : c'est en avançant dans la réflexion, l'action et la réalisation de ce projet politique, que les choses se dessineront plus précisément. Mais d'ores et déjà, nous pouvons et nous devons offrir des perspectives inédites, voire vertigineuses. Osons rêver, laissons libre cours à notre imagination, façonnons des plans, des trajectoires.

Osons rêver, laissons libre cours à notre imagination, façonnons des plans, des trajectoires.

Un autre monde à construire ensemble

Un défi supplémentaire s'ajoute à tous les autres : nous devons parvenir à un nouveau modèle de société avec l'ensemble des personnes qui la composent. Nous œuvrons à la construction d'un monde pacifique. Pour qu'il soit solide et durable, il faut le construire avec toutes les parties prenantes : nous parviendrons bien plus rapidement à la fin du spécisme si nous arrivons à embarquer avec nous aussi des personnes qui vivent aujourd'hui de l'exploitation des animaux.

Personnellement, avant de remettre en question le spécisme, j'aurais ri au nez des activistes si j'en avais rencontré. Mon empathie n'était tournée que vers les humains et quelques autres animaux dont j'étais proche. Je suis convaincue que nous sommes quasiment tous du côté des animaux. Les braises de la compassion sont en chacun de nous. Reste à les réveiller, à les alimenter et les transformer en flammes vigoureuses et pérennes.

Lors d'une conférence, j'ai entendu Florence Burgat dire que ce qui nous manque le plus pour la réalisation d'un monde en paix avec les animaux, c'est l'imagination. Je la rejoins totalement : lançons-nous.

Brigitte Gothière est porte-parole de l'association L214 – éthique et animaux.

Et si on arrêtait de s'excuser ?

Élise Desaulniers

Dans le fond, tu ne manges rien ? Lorsque j'ai décidé d'adopter une alimentation végétalienne, je me souviens avoir fui le plus longtemps possible une éventuelle confrontation avec mes parents et mes ami.e.s proches. Je voulais être bien certaine de ma résolution avant d'imposer mon nouveau régime. J'étais alors végane à la maison et pesco-végétarienne – ce qui me semblait plus acceptable – à l'extérieur. Même aujourd'hui, m'assurer qu'il n'y aura pas de beurre ou d'œuf dans le plat que je viens de commander au restaurant demeure difficile. Mes demandes sont toujours enveloppées dans plusieurs épaisseurs d'excuses.

Depuis trois ans, j'assiste les participantes et participants au Défi végane 21 jours. Les questions le plus fréquentes ne concernent pas les protéines ou la B12. Elles portent sur les relations avec l'entourage. J'ai vu des participantes continuer de cuisiner des repas carnés pour leur conjoint et leurs enfants qui insistaient pour manger du poulet. J'en ai vu d'autres tenter de cacher leur végétarisme en faisant disparaitre la viande qu'on leur servait dans la gueule du chien. Pour les quelques véganes qui ont le courage d'exposer leurs convictions à leur entourage, combien n'osent pas ouvrir la bouche de peur de se sentir rejetés ? Combien craignent les questions sur la souffrance des plantes et les sources de protéines ? Et qui aime qu'on lui rappelle qu'Hitler était végétarien (ce n'est même pas vrai) ?

Il ne faut pas s'en étonner : changer nos habitudes alimentaires amène des changements dans nos

Ce sont les personnes stigmatisées qui doivent faire en sorte que tout se passe « bien ». En « changeant de ton », en se montrant conciliantes, en apportant des cupcakes pour tout le monde.

rapports aux autres. Dans nos sociétés, la nourriture facilite les interactions sociales. C'est aussi souvent un marqueur d'identité. On peut refuser un morceau de gâteau sans problème « pour garder la ligne », mais dire non au cantal ou à une part de dinde à Noël peut être perçu comme un rejet de la culture et des traditions, voire comme un affront personnel. Tout ça est évidemment difficile à vivre.

Un même populaire sur les réseaux sociaux présente un brocoli sur lequel il est écrit « How do you know if someone is vegan? Don't worry, they'll fucking tell you. » [Comment savoir si quelqu'un est végane ? Ne vous inquiétez pas, ils vont s'en charger eux-mêmes]. Dans la réalité, le même devrait plutôt se lire « Ask them nicely, they're probably too shy to tell. » [Demandez-leur gentiment, ils sont probablement trop timides pour en parler].

Cette timidité se comprend bien. Que ce soit un déménagement avec une nouvelle conjointe, la décision d'abandonner ses études ou de partir à l'étranger, il est toujours difficile de prévoir comment nos proches vont réagir aux changements qu'on opère dans nos vies. C'est la même chose avec la transition vers le véganisme. Anticiper la réaction des autres est source d'angoisse.

Il me semble pourtant qu'il y a quelque chose de particulier avec le véganisme. Il se pourrait que dans certaines circonstances les véganes soient stigmatisés. Le sociologue Erving Goffman définit la stigmatisation comme la perception d'un certain écart par rapport à une norme sociale. Dans les années 60, Goffman s'est intéressé aux interactions entre gens « normaux » et stigmatisés. Il a observé que ces derniers avaient tendance à tout mettre en œuvre pour cacher leur stigmate ou, à tout le moins, éviter de créer un malaise. Les personnes stigmatisées se sentent forcées de se réjouir d'être comme tout le monde, tout en évitant les situations où elles sentent qu'on aura du mal à les accepter. Ça ne vous rappelle rien ?

Évidemment, la question du stigmate est complexe et la réalité des véganes n'a rien à voir avec celles d'autres groupes largement stigmatisés. Il n'empêche que le monde est rempli de personnes qui désirent faire le bien et qu'on stigmatise : des Afro-Américaines aux féministes, en passant par les membres des Premières Nations et de la communauté LGBT. Dans tous les cas, ce sont les personnes stigmatisées qui doivent faire en sorte que tout se passe « bien ». En « changeant de ton », en se montrant conciliantes, en apportant des *cupcakes* pour tout le monde. Elles devront aussi apprendre à sourire aux blagues douteuses et à répondre calmement aux questions stupides. Et lorsque ça se passe mal, c'est évidemment leur faute. La scène que décrit la féministe Sarah Ahmed dans *Feminist Killjoys and Other Willfull Subjects* a dû se reproduire des milliers de fois :

> La famille se réunit autour de la table ; c'est censé être une occasion spéciale. On travaille dur pour maintenir cette occasion heureuse, pour maintenir la surface de la table polie afin que puisse rejaillir l'image de la bonne famille. Il y a tant de choses que vous n'êtes pas censée dire, faire, être, afin de préserver cette image. Si vous dites, faites, ou êtes ce qui ne reflète pas l'image de la famille heureuse, le monde devient déformé. Vous devenez la cause d'une distorsion. Vous êtes la distorsion que vous causez. Un autre diner ruiné.

Sarah Ahmed encourage les féministes à accepter leur rôle de rabat-joie en ramenant sur la table ce que les autres ne veulent pas voir. J'essaie de m'en inspirer. On ne changera pas le monde en s'excusant et en offrant des *cupcakes*.

Élise Desaulniers est une militante, conférencière et auteure québécoise. Ses ouvrages *Je mange avec ma tête*, *Vache à lait* et *Le défi végane 21 jours* ont été publiés en France et au Québec, et sont traduits en anglais, en italien et en espagnol.

Comment vivre avec les blaireaux ?

Sue Donaldson

En semaine, je vis dans un condo en ville. Le weekend, j'habite une petite ferme à la campagne. Je suis pleinement consciente de partager ces deux espaces avec des animaux sauvages qui parviennent à survivre, voire à s'épanouir en plein cœur de nos environnements humains. En ville, nos voisins « liminaux » sont surtout des corbeaux, des moineaux, des canards, des renards et des écureuils. En région agricole, la liste s'allonge pour inclure de nombreux autres oiseaux, des amphibiens, des reptiles ainsi que des petits mammifères (souris, tamias) et des gros (chevreuils, coyotes).

Les animaux liminaux sont les grands oubliés de nos réflexions sur la justice interespèce. Quelles sont nos obligations envers eux ? Comment rendre possible une cohabitation harmonieuse ? Il est difficile de penser à des solutions générales qui pourraient convenir à des animaux aussi disparates. Les humains se réjouissent de la présence d'oiseaux chanteurs, mais ils exterminent les animaux « nuisibles » comme les rats. La présence de nombreux autres animaux liminaux passe tout simplement inaperçue. Certains sont tout à fait à l'aise avec les humains et se montrent même curieux. D'autres sont indifférents. Mais la plupart tentent désespérément de nous éviter tout en tirant le meilleur parti de nos bâtiments, de nos ordures, de nos jardins et de nos cultures.

Dans le cadre d'une étude récente réalisée à Oxford, au Royaume-Uni, différentes bandes sonores ont été diffusées devant des tanières de blaireaux. Ceux-ci étaient plus effrayés par les sons de voix humaines que par ceux de leurs prédateurs traditionnels. Cela n'a rien de surprenant. Les « superprédateurs » humains représentent le plus grand danger pour les blaireaux (ainsi que pour la plupart des animaux liminaux et sauvages). Selon Liana Zanette, une spécialiste des blaireaux, « nos écosystèmes dominés par les humains ne sont pas sains. Les animaux qui vivent parmi nous ne nous aiment pas vraiment. Nous commençons à peine à décortiquer tout ce que cela implique[1]. »

Afin de « décortiquer » la situation, nous devons déjà dépasser l'opposition nature-culture et reconnaitre que même les zones les plus urbanisées de la planète sont des communautés multiespèces. Les non humains ont tout autant le droit que nous d'habiter ces espaces. Ils vivent parmi nous. Ils ont le droit d'y être autant que nous et nous n'avons pas le droit de les expulser. Nous devons donc apprendre à cohabiter. Lors de conflits graves, cela implique de protéger notre propriété et nos cultures en utilisant des stratégies non létales (sécuriser nos déchets et autres sources de nourriture, utiliser des barrières et planifier nos aménagements en tenant compte des besoins et des comportements des animaux liminaux). Vertu libérale souvent décriée, mais essentielle, la « tolérance » prend ici toute son importance.

Nous n'avons pas à aimer ni à accueillir chez nous chaque animal qui se présente. Nous n'avons pas à laisser les souris piller nos garde-mangers ni à abandonner nos parcs aux oies. Nous devons toutefois tolérer leur présence et planifier intelligemment plutôt que recourir à l'extermination.

Souvent, nous pouvons et devons faire mieux que « tolérer » les animaux : nous devons les accommoder. Cela vaut pour la planification urbaine à grande échelle (conception de routes et limites de vitesse pensées pour les animaux ; corridors verts munis de végétation indigène et accès à l'eau ; codes de construction qui préviennent les impacts d'oiseaux et d'autres aléas ; haies, permaculture et pratiques agricoles biologiques ou respectueuses des animaux). L'échelle d'intervention pertinente pour les animaux liminaux étant relativement petite, elle est facilement négligée par les humains. Natalie Jeremijenko, designer écologique, crée des ponts de fleurs aériens afin d'aider les papillons à éviter les dangers urbains. Elle transforme aussi les stationnements interdits devant les bornes d'incendie à New York en miniparcs, afin d'atténuer les effets du ruissellement tout en fournissant un habitat aux petites bêtes[2]. (Avec un bénéfice collatéral : les

Différentes bandes sonores ont été diffusées devant des tanières de blaireaux. Ceux-ci étaient plus effrayés par les sons de voix humaines que par ceux de leurs prédateurs traditionnels.

1 Alex Brockman, « CBC programming terrifies British badgers, study suggests: Research from Western University professor shows badgers more afraid of humans than bears », *CBC.ca – Canadian News Sports Entertainment Kids Docs Radio TV*, [en ligne], 28 juillet 2016.

2 Natalie Jeremijenko, *Natalie Jeremijenko*, [en ligne].

3 Leonore, « Next to pedestrians, bikes, and cars; there are other road users too », *New Europe – Cities in transition*, [en ligne], 23 juillet 2015.

miniparcs ne gênent pas les camions de pompiers, mais dissuadent les automobilistes de stationner.) Les automobiles représentent l'un des plus grands dangers pour les animaux. L'installation de ponts aériens (pour les écureuils), de passages souterrains et d'une signalisation adéquate pour prévenir et éduquer les humains est cruciale – par exemple, la «voie désignée pour les canards» installée à proximité des canaux urbains au Royaume-Uni[3]. Les bâtiments, ruelles et terrains désaffectés sont autant de possibilités pour une guérilla jardinière qui crée des habitats.

En tant qu'animaux terrestres, les êtres humains sont souvent inconscients des dangers et des obstacles que rencontrent les espèces aquatiques et volantes. Il est particulièrement important de restaurer les rivières pour les espèces aquatiques (en retirant les obstacles causés par des routes, des barrages ou des bâtiments) et de créer des corridors riverains pour les animaux terrestres.

Les cycles diurnes et saisonniers sont aussi à considérer pour une cohabitation réussie. À notre maison de campagne, mon conjoint et moi sommes heureux de partager notre patio avec un couple de ratons laveurs. Nous les voyons rarement, sauf lorsque nous nous réveillons assez tôt pour les apercevoir qui reviennent de leurs rondes nocturnes. Nous utilisons le patio durant la journée pendant qu'ils dorment en dessous. Ils sortent une fois la nuit tombée quand nous rentrons à l'intérieur. Un partage saisonnier de l'espace est également envisageable. Il serait embêtant de ne pouvoir accéder à une remise, un balcon ou un étang situé sur notre terrain durant toute l'année. Mais si des animaux doivent monopoliser ces espaces pour une brève période de temps – lors de la nidification, par exemple –, il est possible d'accommoder tout le monde.

Nous avons tous et chacun nos préférences lorsque vient le temps de vivre avec des animaux liminaux. Certains se contentent de les tolérer et s'efforcent d'installer des barrières et autres moyens de dissuasion. À l'opposé, d'autres, comme la naturaliste britannique et biographe des oiseaux Len Howard, ouvrent leurs maisons aux animaux liminaux et développent des amitiés profondes et instructives[4]. Beaucoup d'entre nous se situeront quelque part entre ces deux pôles: nous pourrons planter des arbres et des arbustes pour attirer les animaux, aménager des étangs, construire des cabanes pour les oiseaux et les chauves-souris, installer des abris ou des tas de bois pour les crapauds – mais nous refuserons de partager nos armoires, nos lits et nos espaces de vie.

D'autres, comme la naturaliste britannique et biographe des oiseaux Len Howard, ouvrent leurs maisons aux animaux liminaux et développent des amitiés profondes et instructives.

Il est temps pour la société de désigner des «ombudsmans des animaux» – des représentants humains qui pourraient intercéder auprès des administrations municipales, des grandes entreprises et des institutions sociales –, dont le mandat serait d'évaluer les besoins des animaux liminaux. Il est temps de mettre en œuvre des politiques de cohabitation.

Sue Donaldson est une chercheuse indépendante. Elle est la coauteure, avec Will Kymlicka, de *Zoopolis: une théorie politique des droits des animaux* (Alma éditeur).

Traduction: Marie-Claude Plourde, traductrice agréée.

4 Len Howard, *Living With Birds*, Londres, Collins, (1956) 1963, 256 p.

Illustration Maylee Keo

LEN·HOWARD

Miroir, mon beau miroir

Sébastien Moro

Ces animaux sont les premiers à avoir cultivé des plantes et développé l'élevage. À l'origine des premières grandes cités, ils possèdent l'une des plus vastes populations sur terre. Comme vous l'avez surement deviné, il s'agit des… fourmis !

Perçus comme des machines biologiques, les insectes n'ont pas bonne presse auprès des médias grand public, qui présentent souvent leurs impressionnantes constructions comme l'œuvre d'architectes automates, aveugles à leur réalisation.

Rien ne saurait être plus faux.

La découverte de la danse des abeilles, qui valut le prix Nobel à Karl Von Frisch en 1973, révélait déjà une communication riche et complexe. Mais elle ne faisait que lever un premier coin du voile sur les capacités de ces hyménoptères. D'autres ont suivi depuis.

De nombreuses études ont en effet démontré la présence d'aptitudes cognitives insoupçonnées chez les insectes, comme l'existence de personnalités constantes chez diverses espèces (blatte américaine, criquet), de reconnaissance individuelle (frelon géant), de comportements d'automédication, de capacités de numération (abeille), d'utilisation d'outils (fourmi) et même la maitrise de concepts abstraits comme « au-dessus de », « à gauche de » et « différent de » (abeille).

Les insectes ont-ils conscience de leur existence ?

La « conscience de soi » est une notion très difficile à évaluer scientifiquement. En éthologie cognitive, de nombreux protocoles ont été mis au point, notamment sur le plan de la métacognition, afin de démontrer sa présence chez l'animal non humain. Dans la veine de ces recherches, le test du miroir s'est petit à petit imposé comme le mètre étalon quant à la « reconnaissance de soi ». Ce test ne fait cependant pas l'unanimité, car il est compliqué de déterminer ce qu'il mesure vraiment et, surtout, parce qu'il exclut *de facto* les espèces qui n'utilisent pas la vue comme sens principal. En restant prudent, on peut toutefois considérer que le test du miroir permet de déterminer si un individu reconnait son corps dans un miroir et donc, s'il le différencie de celui d'un autre. Mais ce test n'invalide pas pour autant la capacité de reconnaissance de soi, ou de conscience de soi, chez un individu qui y échouerait. Plusieurs chercheurs ont d'ailleurs mis au point des systèmes alternatifs de reconnaissance olfactive (chien, poisson cichlidé). De nombreuses espèces ont passé avec succès le test du miroir, bénéficiant d'une large couverture médiatique pour certains (chimpanzé, dauphin), dans un silence assourdissant pour d'autres (raie manta).

Sous sa forme initiale, le test consiste à laisser un individu en présence d'un miroir pour qu'il s'y habitue. L'individu est ensuite endormi et une marque de couleur est placée sur son corps à un endroit qu'il ne peut pas observer directement. Le test est considéré comme un succès si, quand le sujet voit la marque en s'observant dans le miroir, il tente de l'enlever sur son propre corps. Le test est ensuite adapté selon l'espèce.

Le test est considéré comme un succès si, quand le sujet voit la marque en s'observant dans le miroir, il tente de l'enlever sur son propre corps.

Les fourmis face au miroir

En 2015, les chercheurs Marie-Claire et Roger Cammaerts ont donc soumis des fourmis au test du miroir, adapté comme suit.

Dans un premier temps, on place une fourmi face à une vitre afin d'évaluer son comportement en présence de ce nouvel objet. Derrière la vitre se trouvent d'autres membres de sa colonie, qu'elle peut apercevoir. Dans cette situation, notre fourmi ne modifie en rien son comportement habituel. Au mieux, elle s'approche du dispositif, qu'elle touche vaguement des antennes. Les autres fourmis ne provoquent chez elle aucun intérêt particulier.

Dans un second temps, les expérimentateurs remplacent la vitre par un miroir. Le comportement de la fourmi change alors radicalement. Elle s'approche dorénavant de l'objet, entre en contact 13 à 20 fois plus et le touche également avec ses mandibules. En outre, elle agite la tête de gauche à droite tout en regardant dans le miroir.

On peut donc en conclure que les fourmis mises en présence d'un miroir comprennent que l'individu qu'elles aperçoivent dans le miroir n'est pas un congénère, mais quelque chose d'autre. Il est à noter que tout le matériel de l'étude est nettoyé entre chaque essai afin d'éliminer toute trace possible de phéromones.

Les fourmis passent-elles le test ?

C'est ici que l'expérience prend une tournure intéressante. Avant le test, six fourmis ont été observées pendant six minutes afin de déterminer leur comportement « normal ». Aucune d'entre elles n'a procédé au nettoyage de la partie avant de sa tête (le clypeus) durant cette période. Les chercheurs ajoutent alors une marque bleue sur le clypeus et observent à nouveau les fourmis dans un compartiment vide, sans miroir. Ces dernières continuent de vaquer à leurs occupations sans jamais essayer de retirer la tache. On peut donc envisager qu'elles ne l'aient pas détectée.

Les sujets marqués sont ensuite déposés dans le compartiment contenant le miroir. Au bout de quelques secondes, toutes les fourmis, à l'exception d'une, procèdent au nettoyage de cette marque après inspection dans le miroir. Aucune ne cherche à nettoyer la tache de son reflet et l'on compte entre une vingtaine et une trentaine de tentatives de nettoyage au cours des six minutes que dure l'expérience.

Afin de confirmer que la tache bleue est bien l'élément déclencheur, les chercheurs recommencent l'expérience avec de nouvelles fourmis dotées d'une tache de la couleur de leur corps (du corps des fourmis, pas de celui des chercheurs), toujours sur le clypeus. Toutes les fourmis sauf une – il en faut toujours une – adoptent le comportement observé

La tâche la plus complexe sera de parvenir à imaginer ce que peut être cette autre intelligence

lors de l'ajout du miroir en début d'expérience, mais aucune n'essaye d'enlever la tache. La seule fourmi à avoir nettoyé la marque est d'une couleur plus sombre que les autres, rendant la marque sur son clypeus visible.

Roger et Marie-Claire Cammaerts recommencent encore une fois l'expérience, mais, cette fois-ci, avec une tache bleue derrière la tête. Les fourmis continuent de s'approcher et de se regarder dans le miroir, en bougeant la tête de gauche à droite comme dans le cas des fourmis non marquées. Aucune tentative de nettoyage n'est observée.

Il est intéressant de noter que l'expérience ne fonctionne pas avec de jeunes fourmis, ce qui suggère qu'une certaine maturation est nécessaire pour que ce comportement apparaisse (quelques semaines).

Cette étude, parue dans la revue *Journal of Science*, nécessite évidemment une validation du reste du monde scientifique, mais elle laisse entrevoir la possibilité de découvertes encore plus extraordinaires sur la cognition des insectes, laquelle reste très peu explorée aujourd'hui (à l'exception de certaines espèces d'hyménoptères comme les fourmis et les abeilles).

La tâche la plus complexe sera de parvenir à imaginer ce que peut être cette autre intelligence, de lui poser des questions qui font sens pour elle et non pas uniquement pour nous, comme nous le faisons encore trop souvent.

Pour citer le primatologue Frans De Waal : « Cessons de faire de l'homme la mesure de toute chose. Évaluons les autres espèces par ce qu'elles sont, elles. Je suis sur que nous découvrirons ainsi de nombreux puits sans fond, dont certains sont encore inimaginables pour nous. »

Sébastien Moro est un conférencier spécialisé en éthologie.

Références

Marie-Claire Cammaerts et Roger Cammaerts, « Are ants (hymenoptera, formicidae) capable of self recognition? », *Journal of Science*, vol. 5, n° 7, 2015, p. 521–532.
Marie Dacke et Mandyam V. Srinivasan, « Evidence for counting in insects », *Animal Cognition*, 2008, 11: 683. DOI:10.1007/s10071-008-0159-y.
Aurore Avarguès-Weber et Martin Giurfa, « Conceptual learning by miniature brains », *Proceedings of the Royal Society B*, vol. 280, n° 1772, publié le 9 octobre 2013, 20131907; DOI:10.1098/rspb.2013.1907.
Jessica Abbott, « Self-medication in insects: current evidence and future perspectives », *Ecological Entomology*, vol. 39, n° 3, 2014, p. 273–280 DOI:10.1111/een.12110.
Joan H. Fellers et Gary M. Fellers, « Tool Use in a Social Insect and Its Implications for Competitive Interactions », *Science*, vol. 192, n° 4234, 2 avril 1976, p. 70–72 DOI:10.1126/science.192.4234.70.

Le microbiote intestinal : Qu'est-ce que c'est ? Comment le véganisme l'affecte ?

LE MICROBIOTE EN CHIFFRES

Nous sommes autant de cellules bactériennes qu'humaines.

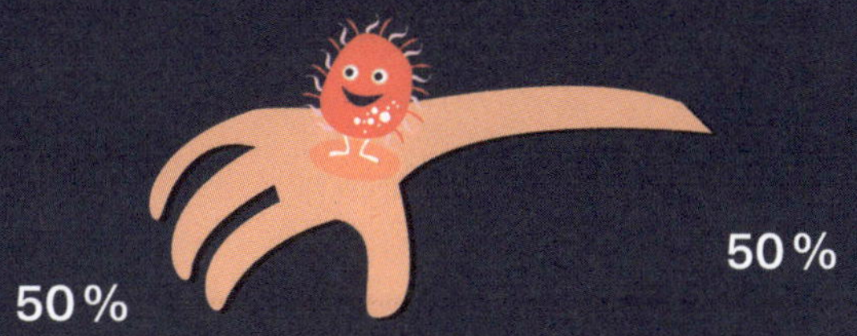

Notre microbiote intestinal pèse 2 kilogrammes, soit autant que notre cerveau !

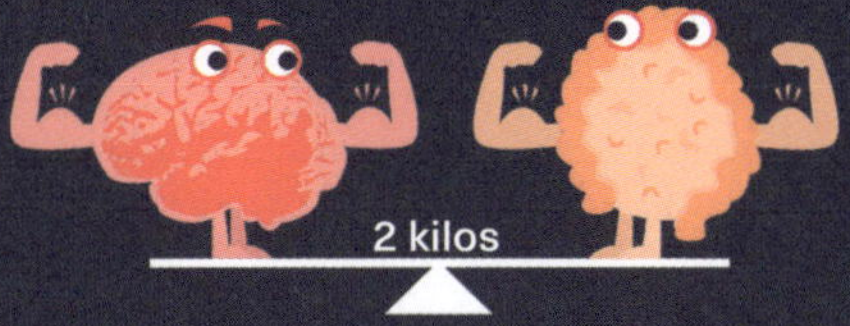

Nous avons d'autres microbiotes ! Cutané, vaginal, respiratoire…

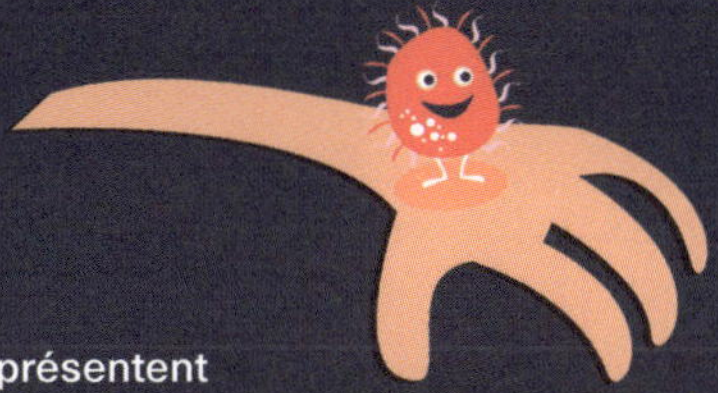

Les bactéries représentent jusqu'à ⅓ des selles.

Il comporte plus de 1 000 espèces bactériennes regroupées en 4 grandes familles.

Références

W .J. Craig, Health effects of vegan diets. *Am. J. Clin. Nutr.* 2009, 89, 1627S–1633S.

M. Glick-Bauer et M.-C. Yeh, The Health Advantage of a Vegan Diet: Exploring the Gut Microbiota Connection. *Nutrients* 2014, 6, 4822-4838.

J. Zimmer *et al.*, A vegan or vegetarian diet substantially alters the human colonic faecal microbiota. Eur. *J. Clin. Nutr.* 2012, 66, 53–60.

C. DeFilippo *et al.*, Impact of diet in shaping gut microbiota revealed by a comparative study in children from Europe and rural Africa. *Proc. Natl. Acad. Sci.* USA 2010, 107, 14691–14696.

M. Desautels-Marissal, *Mille milliards d'amies. Comprendre et nourrir son microbiome.* Éditions Cardinal. 2016 , 219 pages.

E. Sender et M. Gozlan, Le microbiote, allié de notre cerveau. *Sciences et Avenir*. 2016, nº 835, 35.

3 UTILITÉS MAJEURES

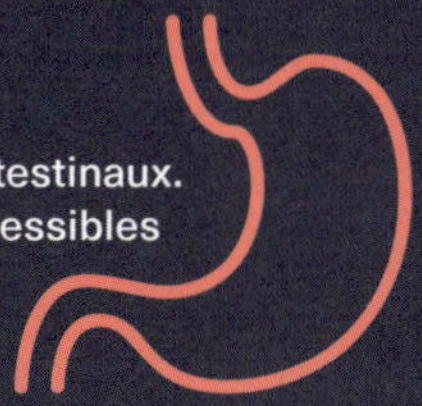

Agirait sur la digestion :
- Module les mouvements de l'intestin.
- Stimule la régénérescence des tissus intestinaux.
- Permet l'absorption de nutriments inaccessibles sans certaines bactéries.

Aurait un effet sur l'humeur et la santé mentale
- Affecte les cellules intestinales liées aux neurones intestinaux communiquant avec le cerveau.
- Implication dans certains troubles du comportement (notamment l'autisme).

Agirait sur le système immunitaire :
- Protection via les composés que certaines bactéries sécrètent (acides…).
- Nos bonnes bactéries occupent une place sur notre paroi intestinale qui empêcherait les bactéries pathogènes de s'y fixer.

PAR QUOI EST-IL INFLUENCÉ ?

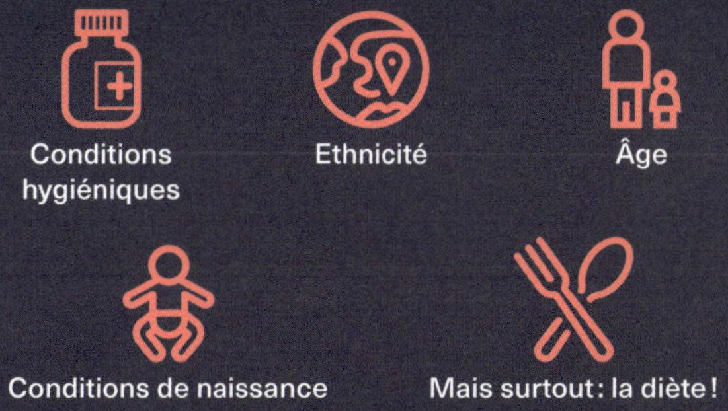

UN MICROBIOTE À TON IMAGE

Une alimentation végétalienne non transformée et variée apporte une diversification du microbiote qui permettrait une meilleure adaptation et rétablissement en cas de dérèglement ponctuel. Cette diète favorise également la croissance de bactéries sécrétant des métabolistes bénéfiques qui crée un milieu acide défavorable à la croissance de certaines bactéries pathogènes.

Une alimentation typique nord-américaine (riche en sel, sucres, graisses et protéines animales) favoriserait certaines bactéries connues pour leur rôle pro-inflammatoire ou pro-athérosclérose.

Cette infographie a été faite via une recherche bibliographique d'environ 10 articles scientifiques et livres. La recherche sur le microbiote étant actuellement très active, il se peut que de nouvelles découvertes sur le lien de l'alimentation avec le microbiote soient publiées dans les prochaines années. Les recherches sont toujours nécessaires pour évaluer si une diète végétalienne puisse être médicalement prescrite pour résoudre des dérèglements de microbiote et des bénéfices sur la santé à long terme.

Illustration Carolie Joly

Déménager sur quatre roues... de vélo !

Mélissa de La Fontaine

Quatre ans que j'ai adopté un mode de vie zéro déchet. Ça fait quelques fois maintenant que je me dis : « Mmmm... je ne pense pas réussir ce défi-là en mode zéro déchet. » Pourtant, chaque fois, sans que tout soit parfait, j'arrive à trouver des solutions alternatives vraiment chouettes.

Illustration Samuel Jacques

En octobre dernier, je me suis retrouvée nez à nez avec le plus corsé de ces défis à ce jour : mon déménagement.

Vous savez, M. Déménagement, c'est le bon ami de Mmes Boites de Carton et de leur enfant Ruban Adhésif. Et il y a toujours le beau-frère prêt à donner un coup de main : M. Camion Polluant. Disons-le haut et fort : ces petits copains ne sont pas les meilleurs amis de mon p'tit cœur vert.

Mais, comme dans toutes bonnes pratiques de notre vie moderne, il existe une façon alternative et plus écolo de faire les choses. Et ça, ça fait mon bonheur !

Nous allons donc jaser de déménagement à vélo (oui, oui, c'est possible) et de boites réutilisables. Bien sur, pour l'instant, l'offre se trouve principalement à Montréal. Mais c'est en créant la demande qu'on crée l'offre ! Travaillons donc ensemble pour que le déménagement à vélo devienne monnaie courante.

Boites réutilisables

Avant de déménager, il faut faire ses boites (yeah !). Quoi de plus désagréable que de courir les épiceries du coin pour récupérer leurs vieilles boites de carton mouillées, sans couvercle, sans poignées et de formats différents (pas idéal pour jouer à *Tetris*) ? Ou de payer une fortune pour des boites de carton neuves qu'on va ensuite… jeter ?

Personnellement, mon p'tit côté organisé aime les boites pareilles, solides et… réutilisables ! J'ai donc opté pour l'entreprise montréalaise PolarBox, qui m'a été référée par ma compagnie de déménagement, et j'en suis très satisfaite. Mais sachez qu'il en existe plusieurs autres, à vous de choisir. Le concept est simple : ils vous livrent les boites, vous les remplissez, vous les déménagez, vous les videz et ils viennent les reprendre à votre nouvelle adresse. Magie !

Déménageurs à vélo

On va tout de suite mettre quelque chose au clair : ce sont des déménageurs *qui roulent* à vélo. Plutôt que de conduire des camions, ils conduisent des vélos. Les employés de cette entreprise connaissent leur boulot et le font à merveille. En fait, je dirais même qu'ils sont davantage professionnels et beaucoup plus minutieux que certains déménageurs en camion que j'ai engagés par le passé…

Comment ça s'est passé? À l'heure dite, deux déménageurs sont arrivés chez moi, chacun armé d'un vélo et de sa remorque faite sur mesure à Montréal. Ils ont vidé mon appartement et ont commencé une impressionnante partie de *Tetris* avec mes électroménagers (des déménageurs, je vous dis: ils déménagent tout!), mes boites, mon futon, mon divan, etc. Du grand art! Il aura fallu deux voyages et trois heures pour que ma petite maison soit relocalisée. Tout ça, dans une bonne humeur contagieuse. Parce que les employés de Déménagement Myette font ce travail par plaisir et non seulement ça parait, mais ça fait du bien!

Oui, mais l'hiver? Jusqu'à tout récemment, cette sympathique compagnie de déménagement arrêtait ses opérations l'hiver pour des raisons évidentes de sécurité. Depuis quatre ans, elle continue ses activités, mais en camion. Et l'idée est vraiment chouette! Vous connaissez Cyclo Nord-Sud? C'est un organisme qui, dans ses propres mots, « récupère les vélos inutilisés au Nord et les expédie aux communautés défavorisées du Sud afin qu'ils servent d'outils de développement ». Comme ils ne se servent pas de leur camion l'hiver... c'est Déménagement Myette qui le loue. Le match parfait, quoi!

Déménagement zéro déchet? Presque. Mais pas tout à fait. Il leur faut tout de même du ruban adhésif pour emballer les gros morceaux dans une couverture et pour solidifier leur *Tetris* géant. Cela dit, la compagnie a bien essayé d'utiliser seulement des sangles élastiques pour ne plus produire de déchets, mais le résultat n'était pas aussi solide et efficace. Comme on le dit si bien, rien n'est parfait en ce bas monde. Cela dit, les seuls déchets produits par mon déménagement sont ces fameux morceaux de rubans, soit l'équivalent d'un sac d'épicerie. De quoi être fière!

Petite astuce: s'il ne pleut pas la journée de votre déménagement, demandez à ce que votre matelas ne soit pas emballé dans un immense sac de plastique. À quoi bon? Vous pouvez le protéger grâce à deux draps-housses en tissu et les laver par la suite.

Oui, mais, le prix? Cent dollars de moins que ce que j'avais prévu dans mon budget.

Julien Myette, propriétaire et fondateur de Déménagement Myette

Avant de créer son entreprise, Julien avait déjà travaillé comme ingénieur informatique et comme déménageur, il était cycliste et... écolo! Les ingrédients gagnants pour créer une compagnie de déménagement à vélo. Depuis la fondation de l'entreprise en 2008, celle-ci a pris de l'expansion à une vitesse folle. Lors de sa première année d'opération, Julien n'avait qu'une seule remorque sur la route. En 2016, il en avait douze. La clientèle de Déménagement Myette a aussi beaucoup évolué depuis les commencements. Alors qu'au tout début, seuls les « écolos endurcis » optaient pour un déménagement à vélo, aujourd'hui, c'est aussi l'excellent service offert par la compagnie qui attire les gens.

Non seulement Julien est impressionnant par son parcours, mais en plus, il est végéta*ien. Ici, l'astérisque n'est pas anodin. C'est que Julien, comme plusieurs d'entre nous, est végétalien la grande majorité du temps, mais il lui arrive de faire des exceptions végétariennes par manque de temps ou dans un contexte social particulier.

Grâce à son entreprise et à son mode de vie, Julien s'attaque donc à deux des plus grandes sources de pollution: le transport et l'élevage. Et pour ça, on lui dit MERCI!

P.-S.: En 2006, Julien a mis sur pied un site de rencontre pour végétariens qui a fait fureur en France. Un homme inspirant, je vous dis.

Mélissa de La Fontaine milite pour le zéro déchet par ses conférences sur le sujet et sa collaboration au blogue *Les Trappeuses*.

207
Déménagement Myette

yette.ca

LJUBLJANA

Beaucoup s'en étonnent, mais il faut savoir que dans notre petite Slovénie, le mouvement végane est en plein essor. À Ljubljana, la capitale, on compte même de nombreux restaurants véganes. Des évènements liés à la cause ont lieu presque chaque semaine. Ils sont, pour la plupart, organisés par la Société végane slovène, un groupe de bénévoles qui travaillent à la promotion du véganisme au quotidien.

Comment ? Par exemple avec le « Défi végane facile 30 jours ». Ce programme lancé chaque mois consiste à envoyer des recettes et de l'information sur une base quotidienne. Et les aspirant.e.s véganes sont aussi jumelé.e.s avec un.e mentor.e. En mai et novembre, le défi prend une ampleur particulière, avec des conférences, des cours de cuisine et des prix, ainsi que la participation de divers médias. La Société végane slovène organise aussi le Festival Vegafest, qui regroupe 50 kiosques véganes, des conférences, une compétition de dégustation de bananes et des prestations sportives. Enfin, les « VegaFriday », des soirées de conférences, de dégustations gratuites et de rencontres, se tiennent les vendredis dans plusieurs villes du pays.

Ça bouge aussi chez les vedettes. Des célébrités slovènes, surtout des chanteur.se.s et des acteur.trice.s, se mettent au mode de vie végane. Même si leur implication demeure parfois éphémère, cela permet d'élargir l'audience du mouvement et d'attirer l'attention des médias. Des athlètes slovènes en impressionnent d'ailleurs plus d'un en décrochant de meilleurs résultats depuis leur changement d'alimentation !

En 2013, notre campagne anti-fourrure a réussi à influencer les législateurs. Il est désormais illégal de produire de la fourrure en Slovénie, que ce soit dans des fermes ou par la chasse. L'utilisation d'animaux sauvages dans les cirques a également été bannie. Une belle victoire pour nous. Il faut d'ailleurs reconnaitre que l'année 2013 a également été importante dans toute l'Europe, puisqu'on y a interdit les essais sur les animaux pour l'industrie des cosmétiques.

À ce jour, le mouvement végane à Ljubljana et en Slovénie est donc en pleine croissance : notre petite population (2 millions d'habitant.e.s) nous aide sans doute à créer un réseau serré d'activistes et à nous mettre en contact avec les personnes qui se joignent au mouvement. Certes, malgré les changements palpables dans la mentalité slovène face au sort des animaux, aucun tournant majeur n'est encore advenu. Nous sommes évidemment impatient.e.s. Mais en attendant, nous militons sans relâche sur le terrain : nous organisons des manifestations, nous distribuons des fascicules d'info dans la rue, nous montrons des vidéos aux passants – après les avoir attirés avec de la bonne bouffe végétalienne !

Maja Hrovat
Société végane slovène

Illustrations Yves Paradis

STRASBOURG

Une véritable dynamique s'est mise en place dans cette région traditionnellement associée à la viande de cochon : dans le domaine de l'activisme comme celui de l'éducation, l'Alsace a été deux fois pionnière ces dernières années. C'est par exemple à l'Acoustic de Sélestat que se tint en 2014 le premier VegoResto, initiative lancée par l'association L214, alors très jeune, consistant à inviter des restaurants omnivores à proposer des repas véganes pour une soirée.

En voyage à Colmar, il y a quelques mois, j'ai même eu la surprise, en activant Happy Cow, de découvrir un snack végane à la sortie de la gare : du fait de sa proximité avec l'Allemagne, l'Alsace a vu ouvrir récemment des enseignes turques proposant une spécialité à base de boulgour, le cigköfte. Ce petit wrap nutritif, parfois pimenté, ne coûte que trois euros. On retrouve ainsi à Mulhouse, Strasbourg, et d'autres villes encore, deux chaines véganes concurrentes, Oses et Cigköftem. Sans parler du fait que la proximité avec l'Allemagne signifie que l'offre pléthorique de produits véganes à bas prix est à portée de bus !

Côté restaurants, l'offre se développe lentement mais surement. Vélicious est une véritable institution strasbourgeoise (leur double cheeseburger est un petit miracle). Aux dernières nouvelles, un snack allait ouvrir, plus proche du centre-ville. Près de l'actuel Vélicious, on jettera aussi un œil à L'Eden Sans Gluten ou, dans le cas des restaurants aux options véganes hautement recommandables, à La Fleur des Champs ou à la chaine Pur etc. Dans le quartier touristique de la cathédrale, on fera enfin un détour par l'enseigne LUSH, qui propose de nombreux produits de beauté véganes et organise régulièrement des journées « Charity Pot », où les ventes de certains pots de crème sont reversées à Avenir Vegan, association locale apportant pour l'occasion quelques mignardises *cruelty-free*.

Créée en 2016 par l'un des fondateurs de l'antenne alsacienne de L214, Avenir Vegan – qui se caractérise par un engagement plutôt écolo, des partenariats avec Sea Shepherd pour le nettoyage des zones humides, des distributions de nourritures véganes aux plus démunis – est loin d'être la première à s'être implantée dans le coin. 269Life fait désormais partie du paysage, aux côtés de l'association historique, Animalsace. On trouve ainsi sur la ville un noyau fiable d'une bonne centaine de personnes présentes aux différents pique-niques organisés deux fois l'an à Colmar et Strasbourg, et à toutes les manifs, comme celle qui réunit début octobre près de 400 personnes à Niederhausbergen, dans la banlieue nord-est de Strasbourg, et qui s'oppose à un odieux centre d'élevage de singes voués à la vivisection. Et en mai 2016 s'est tenue la première Semaine Végane organisée par VegNature, festival fédérateur proposant pique-niques, conférences, manifestations, randonnées, au cours duquel les militants de tous horizons auront eu l'opportunité de se rencontrer, d'échanger et pourquoi pas de créer de nouveaux projets.

Un colloque s'est ainsi tenu fin octobre 2016 au Collège doctoral européen, autour des conditions d'abattage – mais on y parla aussi de la captivité des cétacés – tandis que la formation elle-même était concentrée sur trois jours, fin novembre, ouverte aux étudiants comme aux gens de la vie active souhaitant se former en éthique animale. On y aura ainsi croisé le directeur du Jardin des Plantes de Paris, où Nénette, la célèbre orang-outan, est détenue depuis des décennies ! À terme, les vingt étudiants de la classe ont rendu un article et passé un oral sur l'un des sujets traités en travaux dirigés, l'abattage des animaux ou l'expérimentation animale. Le public de ces deux évènements était donc très hétérogène, souligne Jean-Marc Neumann, qui se réjouit : « Parmi les étudiants, l'approche était clairement et ostensiblement abolitionniste ! » Une chose est sure : on a hâte de voir à l'œuvre ces futurs diplômés de l'Alsace.

Camille Brunel
(sur les conseils avisés de Clémence Laot)

QUÉBEC

Être végane à Québec est facile… quand on connait les ressources et qu'on sait bien s'entourer. En effet, contrairement aux autres grandes villes de la planète, notre capitale provinciale fait piètre figure en ce qui a trait au véganisme. Malgré une population de plus de 500 000 habitants, nous comptons à peine deux restaurants véganes. Comment expliquer cette pénurie ? Le peu de véganes ? Le peu d'activistes ? Parmi les hypothèses, je soupçonne l'aspect francophone de la ville. Encore récemment, la majorité des grands penseurs de la cause animale étaient anglophones, limitant l'accès aux idées et enjeux antispécistes. D'ailleurs, avant 2006, date de la sortie du film *Un repas Végé*, il n'y avait aucun documentaire québécois abordant le véganisme. La région de Québec est aussi connue pour son conservatisme, tant du côté politique qu'alimentaire. S'ajoute enfin le peu de diversité ethnique.

Alors que faire dans une ville où l'on connait peu ou pas de véganes ? Que faire quand les gens ne connaissent pas le véganisme ? C'est dans ce contexte qu'en 2008 avait germé l'idée de tenir des *potlucks* mensuels où chacun apporte un plat végétalien. Avec 20 à 50 participant.e.s, l'immense buffet ainsi créé fait tomber de nombreux préjugés. Et après plus de 100 *potlucks*, ce sont des centaines de personnes qui ont fait un pas, petit ou grand, vers une alimentation plus végétale. Cela permet également de sortir des réseaux virtuels pour rencontrer des gens et briser l'isolement. Ces rencontres mensuelles ont aussi contribué à l'émergence d'autres initiatives. Ainsi, devant l'intérêt marqué pour ses essais de fromages végétaux apportés lors des *potlucks*, une participante a démarré son entreprise qui vend désormais ses « Vromages » partout dans la province.

Mentionnons aussi l'inspiration apportée par les *potlucks* pour fonder l'Association végétarienne et végétalienne de l'Université Laval, un ajout important pour la communauté étudiante de la ville de Québec. L'université est un lieu idéal pour la tenue de conférences et le succès se confirme par le grand nombre de jeunes qu'elles attirent. Les groupes et évènements Facebook facilitent beaucoup le soutien aux personnes en transition et l'organisation d'activités, comme l'organisation de vigiles antispécistes. Depuis plusieurs mois, des évènements resto contribuent aussi à rassembler des véganes et à encourager les restaurants qui offrent des plats sans produits animaux.

Il y a depuis longtemps des véganes à Québec, mais le mouvement est hétéroclite et se constitue de cercles d'intérêts distincts : groupes anarchistes, amateurs de musique *underground*, groupes d'étudiants, groupes d'amis écolos, etc. Beaucoup sont ouverts et font des « efforts » sans pour autant être véganes. La santé (ou les problèmes de santé…) s'avère une motivation courante pour cheminer vers le véganisme, comme l'atteste l'offre végane (en majorité crudivore), laquelle est souvent associée au yoga et autres pratiques de santé naturelle. Du côté des initiatives plus politiques, l'organisme Voix Animale a travaillé pour interdire la vente de chiots dans les animaleries de la ville, mais malheureusement sans succès jusqu'à maintenant.

Pour aider le véganisme, il faudrait davantage de visibilité, que ce soit par des sorties publiques, des entrevues auprès des médias ou encore l'organisation d'évènements d'envergure (Veggie Pride, Festival végane). L'engagement de personnalités publiques aiderait certainement la cause. Car, lorsque des restaurants offrent dans leur menu de la pizza végé, mais que leur pâte contient du saindoux, c'est le signe qu'il reste encore beaucoup d'éducation à faire.

Stéphane Groleau
veganequebec.net

TOKYO

Ces dernières années, le nombre de restaurants végétaliens à Tokyo et Kyoto a augmenté : on estime même que les véganes représentent 2,7 % de la population japonaise. À l'échelle du dixième pays le plus peuplé du monde, cela revient à dire qu'il y a plus de 3,4 millions de véganes au Japon ! Malgré leur nombre croissant, il semble malheureusement que la prise de conscience du bien-être animal ne progresse pas assez vite au niveau de la société. La législation en matière de protection animale en est encore à ses balbutiements, et le défi prioritaire reste de les défendre contre l'élevage industriel, l'industrie de la fourrure et les sociétés pharmaceutiques. En réalité, les personnes exerçant dans ce secteur d'activité ne risquent pas d'être poursuivies en justice ni de subir des sanctions, le système juridique n'étant pas structuré en conséquence.

Pourtant, les consommateurs japonais évoluent. Le grand public a de plus en plus conscience de l'éthique animale, et il a décidé de modifier son mode de consommation, ainsi que ses modes de production. L'une des raisons du nombre croissant de véganes tient à l'impossibilité de trouver, de manière générale, de la viande, ou d'autres produits, provenant d'animaux élevés dans le respect des normes éthiques. Sur le marché japonais, 95,2 % des œufs proviennent d'élevages de poules en batterie, 88 % des truies ont été séquestrées dans des cages de gestation – à noter que l'usage de ces cages est en augmentation –, tandis que 73 % des vaches, dans l'élevage industriel, sont attachées 365 jours par an. Le cas de la viande bovine est particulièrement intéressant, car elle est considérée comme un produit de luxe dans la société japonaise. Ces animaux sont privés du moindre exercice physique afin d'être plus gras que les bœufs « normaux ». Ils sont de plus élevés avec une carence délibérée en vitamine A qui les rend aveugles. Une résistance acharnée s'impose donc contre l'élevage industriel… En dépit même du mouvement mondial pour une exploitation animale sans cages ni caissons, aucune entreprise japonaise n'a déclaré vouloir cesser d'y recourir. L'absence totale de prise de conscience du bien-être animal explique d'ailleurs que la dose d'antibiotiques par individu soit encore plus élevée qu'aux États-Unis.

Dans le domaine des cosmétiques, les animaux sont toujours utilisés à des fins expérimentales, mais l'une des principales sociétés a récemment déclaré qu'elle cesserait d'effectuer des tests sur les animaux (excepté pour le marché chinois). En outre, grâce aux dix années de campagnes de mobilisation menées par le Japan Animal Rights Center (Centre de défense des droits des animaux), les exportations de manteaux de fourrure ont diminué de 80 %. Les élevages d'animaux à fourrure, alors largement répandus dans les années 1980, ont totalement disparu depuis l'année dernière.

Un grand nombre de Japonais sont cependant très sceptiques à l'idée d'arrêter le poisson. Et malgré le fait que l'archipel se situe au troisième rang mondial parmi les pays consommateurs d'œufs, de nombreux Japonais n'ont pas la moindre idée de la quantité d'œufs utilisée quotidiennement dans leur alimentation. Plus curieusement encore, nombre d'entre eux ne considèrent même pas le bacon ou le jambon comme de la viande. Il se peut ainsi qu'un.e végétalien.ne de passage au Japon soit déçu.e à l'idée de ne presque rien pouvoir manger là-bas : bien que les spécialités de la gastronomie japonaise comportent énormément de légumes, cela ne signifie pas pour autant qu'elles soient végétaliennes. La gastronomie japonaise est un art délicat. Nutritive et délicieuse, c'est la soupe confectionnée à base d'algues et de champignons shiitakes (appelés également shiitakés ou champignons parfumés) qui incarne le mieux le véganisme dans la culture japonaise.

Chihiro Okada
Représentante du *Animal Rights Center* au Japon
www.arcj.org

J'essaye de devenir végane
Solange te parle de transition

Je ne pense pas que je pourrai jamais me définir pour de bon. C'est un gros engagement qui risque de m'éclater à la figure. Les mots vous enferment et échouent à contenir tout ce que vous êtes. Je dirais plutôt (ce que je dis déjà) : « J'essaye de devenir végane. »

Ça peut durer des années comme ça, voire toute la vie, et c'est un rythme qui colle avec ma trajectoire en dents de scie.

« J'essaye de devenir » est une formule candide qui porte l'aveu de mes failles, c'est une formule assez bien reçue, qui soutire presque des encouragements de la part des omnivores : « Ah oui ? c'est bien… T'es courageuse. »

« J'essaye de devenir », c'est une petite réponse douce aux grandes questions inquisitrices.

Pour moi, ça veut dire : j'ai compris et je fais un pas dans la bonne direction. (Mais ça, je ne le dis pas parce que c'est déjà trop présomptueux.)

Quand, comme une bonne majorité des femmes de ma génération (j'ai trente ans), on a traversé depuis le début de la puberté de longues phases de remise en question liées à son poids, ses formes et son alimentation, ce n'est pas simple de décider une nouvelle fois de se priver de toute une catégorie de nourriture. Ça ressemble à une restriction de plus.

Avec de la chance et peut-être un ou plusieurs psys, on a pu démêler ce rapport conflictuel à l'acte de manger. On a réalisé que la vie était assez longue et vache (!) comme ça, et que par conséquent, il valait mieux faire la paix avec les bonnes choses, toutes les sortes de choses, sans exception. En relativisant au passage l'impact de chaque bouchée sur la prestance de notre fessier.

C'est une formule assez bien reçue, qui soutire presque des encouragements de la part des omnivores : « Ah oui ? c'est bien… T'es courageuse. »

Je suis passée par là. J'ai baigné dans le climat orthorexique qu'internet continue de faire planer.

« Manger trop clean est dangereux pour la santé », devrait-on lire au bas de 90 % des blogs. Puis, je me suis pris les rafales maladroites de militants persuadés qu'en m'insultant ils faisaient du bien à leur cause. (Car j'ai eu le malheur d'échapper dans un tweet que je mangeais des gnocchis bolognaise il y a trois ans...)

La radicalité de ces stratégies de culpabilisation m'effraie et ne donne pas très envie de rejoindre une telle communauté. Mes calculs me poussent plutôt à envisager le problème autrement :

Je préfère 100 personnes sensibilisées en douceur qui feront une place de plus en plus grande à l'alimentation végétale tout en respirant l'intelligence (ça, ça donne envie), plutôt que 10 personnes radicalement converties, pleines de certitudes et justicières de l'assiette exemplaire (ça, ça exaspère).

Parce que devenir végane, c'est une bonne chose. Mais on ne célèbre pas assez l'importance de le rester (entendre : maintenir les acquis). Je vois pleuvoir les psychodrames sur YouTube. Une telle s'autoproclame végane en janvier : une pluie de félicitations s'abat en commentaire. La même publie une vidéo en avril, sa mine déconfite sur la miniature ajoute au tragique du titre « Pourquoi je ne suis plus végane » : les clans s'insultent en commentaire.

Le pire dans tout ça, c'est que je pense que cette mauvaise publicité a quand même pesé dans ma décision de repenser mon alimentation. Je n'aime pas l'avouer, mais il se peut bien que j'aie été influencée par l'air du temps (et statistiquement, je ne suis pas la seule !). En revanche, je ne pense pas que mes décisions s'inscrivent dans un simple effet de mode.

Tout a été très graduel. Je n'ai jamais mangé de viande tous les jours. J'avais déjà sérieusement commencé à remplacer les laitages. Il fallait surtout trouver comment s'organiser concrètement. Et pour cela, j'ai déniché un service parisien très mignon qui proposait de livrer à domicile un panier avec de quoi cuisiner quatre soupers végétaliens par semaine. Ça a été la rampe de lancement idéale. En moins d'un mois, il n'y avait plus d'aliments d'origine animale à la maison et j'avais acquis de nouveaux réflexes.

J'en suis là. At-home vegan, comme ils disent. Végane à demeure.

Quand je sors, c'est une autre histoire... Pour l'instant, je ne me prive de rien, mais je me rends compte que les plats de viande ne m'intéressent plus trop. Le poisson n'est plus aussi plaisant. Le fromage reste un ennemi vicieux, et je ne lui résiste pas toujours. Je souffre avant tout du manque d'offres véganes

dans le paysage français. Je rêve de Portland, de San Francisco et même de Montréal, où je m'émerveille de la fraicheur et de la passion pour les produits chaque fois que j'y retourne !

En attendant que la discrète brigade des véganes éclairés fasse paisiblement grimper les statistiques,

Je suis passée par là. J'ai baigné dans le climat orthorexique qu'internet continue de faire planer.

je continuerai à tracer des petits V au feutre vert à côté de la date du jour où aucun n'animal n'aura été tourmenté pour me nourrir. À l'heure où j'écris ces mots, cela fait 22 jours sur 31, en octobre 2016.

Ina Mihalache est une actrice et vidéaste canadienne (vivant en France). Elle a créé la chaine YouTube *Solange Te Parle* et vient de réaliser son premier long métrage *Solange et les vivants* (2016).

Un nouvel humanisme : rencontre avec Aymeric Caron

Élise Desaulniers

Après le succès de *No Steak*, Aymeric Caron a récidivé en 2016 avec *Antispéciste*, un essai où il développe une vision politique qui conjugue une sortie du libéralisme économique, une éthique biocentrique et un profond respect des animaux. Qu'est-ce qui l'a conduit à écrire ce livre ? Comment voit-il les liens entre l'animalisme et l'écologie ? Pour *Véganes*, il s'est confié à l'auteure québécoise Élise Desaulniers.

Élise Desaulniers: Après *No Steak*, qui décrivait les différents aspects de notre rapport à la viande et plaidait pour le végétarisme, tu as publié en 2016 *Antispéciste*, présenté comme « un appel à un nouvel humanisme » militant pour « l'intégration de tous les êtres vivants sensibles dans une même famille de considération morale ». Qu'est-ce qui t'a amené à écrire ce nouvel essai?

Aymeric Caron: J'ai écrit *No Steak* entre 2011 et 2012, et il est sorti en France en janvier 2013. C'était il y a à peine quatre ans, mais les mentalités ont énormément évolué pendant cette période. À l'époque, mon livre avait surpris. « Un journaliste de télévision qui prône le végétarisme et le végétalisme ? » Cela avait étonné beaucoup de monde, car à cette époque, les végétariens étaient encore très moqués en France. Quant aux véganes, n'en parlons pas, personne ne connaissait ce mot. Dans *No Steak*, je parlais des raisons économiques, sanitaires et environnementales qui logiquement devaient nous amener à arrêter la viande prochainement. Les journalistes ne m'avaient parlé que de ces chapitres pendant les interviews. En revanche, aucun ne m'avait interrogé sur le dernier chapitre, consacré aux raisons morales et donc à l'éthique animale. Peter Singer, Gary Francione, les droits des animaux: c'était inaudible à l'époque.

Il m'a semblé dès 2014 que ce dernier chapitre devait être développé un jour. À l'automne dernier, alors que je devais écrire mon nouveau livre consacré à un tout autre sujet, j'ai changé d'avis au dernier moment pour me concentrer sur l'antispécisme: le végétarisme n'était plus moqué, il faisait la une de plus en plus souvent dans les journaux, et les vidéos d'abattoirs publiées par L214 avaient permis aussi de renouveler le débat sur la condition animale. Bref, il m'a semblé que le grand public était prêt à découvrir le concept d'antispécisme, qui était encore complètement inconnu en France.

ÉD: Tu es très dur envers l'écologie superficielle, celle du développement durable, qui ne propose aucun espoir puisqu'elle «se contente d'essayer de ralentir la chute sans l'empêcher» et ne remet aucunement en cause la priorité donnée à l'espèce humaine. Tu défends plutôt la thèse de l'écologie profonde ou «essentielle» qui accorde une valeur intrinsèque aux êtres vivants indépendamment de leur utilité pour l'être humain. Tu prônes aussi une *biodémocratie*, c'est-à-dire une démocratie étendue à l'ensemble du peuple vivant. De quoi s'agit-il?

AC: L'écologie politique traditionnelle s'est complètement perdue depuis 20 ans en acceptant, plus ou moins consciemment, le néolibéralisme et en essayant d'inventer un libéralisme soucieux de moins détruire l'environnement. Cette écologie s'est faite accompagnatrice de l'outil destructeur, se contentant de jouer le rôle de gendarme pour lui éviter d'aller trop loin. Mais tout cela est largement insuffisant et risque même, à terme, de détruire l'essence de l'écologie, telle qu'elle avait par exemple été portée par l'agronome René Dumont, le père de l'écologie politique moderne en France et candidat à l'élection présidentielle en 1974. Lorsque l'on relit ses textes aujourd'hui, on se rend compte que non seulement il était visionnaire, mais encore qu'il était beaucoup plus exigeant que les écologistes actuels qui portent une écologie que j'appelle « molle ».

Pour ma part, je revendique une écologie « essentielle », qui puise aux racines de ce que doit être l'écologie, c'est-à-dire le respect du vivant sous toutes ses formes. Cette écologie est une écologie métaphysique, contrairement à l'écologie portée par les partis politiques qui est une écologie mathématique, car purement comptable: pas plus de 2 degrés d'augmentation de la température, préservation quantifiée des espèces (il faut tant de milliers d'éléphants, d'ours ou de pandas), marché de droits à polluer, etc. Cette écologie, malheureusement, continue à voir le vivant comme un ensemble de ressources pour l'homme. Les arguments sont sans ambiguïté: les partisans de cette écologie molle, comme Nicolas Hulot ou Europe Écologie Les Verts, disent qu'il faut sauver la planète « pour les générations futures » (d'humains). Ils répètent que le réchauffement climatique, la désertification ou la perte de biodiversité menacent la survie de l'espèce humaine et que c'est la raison pour laquelle nous devons nous mobiliser.

En ce qui me concerne, je considère que toute forme de vie sur terre doit être considérée en raison de sa valeur intrinsèque, et non de sa valeur utilitaire.

Pour ma part, je revendique une écologie « essentielle », qui puise aux racines de ce que doit être l'écologie, c'est-à-dire le respect du vivant sous toutes ses formes.

Chaque être vivant sensible a le même droit que moi d'exister, car il est mu par le même « vouloir-vivre ». Je n'ai donc aucune légitimité morale à le priver de son droit à vivre qui est aussi élevé que le mien. La biodémocratie que je prône consiste donc à tenir compte des conséquences de toutes nos décisions sur le vivant. Pour cela, je propose notamment d'instaurer au Parlement une « Assemblée naturelle » qui représenterait les droits de toutes ces formes de vivant qui ne peuvent s'exprimer elles-mêmes. Cette Assemblée naturelle parlerait au nom des animaux, des arbres ou des fleuves exactement comme les adultes s'expriment aujourd'hui dans le cadre de la famille ou de la justice au nom des enfants humains trop jeunes pour prendre des décisions qui les concernent. Cela implique que le vivant doit avoir beaucoup plus de droits qu'il en a aujourd'hui (car il en a déjà certains), et qu'il doit faire l'objet d'un immense travail pour établir le cadre qui nous obligerait à le respecter réellement. Et cela commence, de manière évidente, par des droits essentiels pour tous les animaux non humains sensibles.

ÉD : On pourrait y voir une certaine contradiction avec la tradition antispéciste qui considère que seuls les êtres sentients ont des intérêts et des droits. Comment réconcilies-tu ces deux approches ?

AC : Je propose une synthèse entre l'écologie profonde d'Arne Naess, dont je partage le respect pour toutes les formes de vivant, et l'éthique animale, qui en effet ne s'intéresse qu'aux droits des animaux non humains sensibles. Je n'y vois pas de contradiction avec l'antispécisme, mais plutôt un prolongement logique. En effet, l'antispécisme lutte contre les discriminations liées à l'espèce. Or nous considérons que le droit à la préservation de sa propre vie est un droit que doivent posséder tous les humains. Par conséquent, nous estimons que ce droit doit être accordé à toutes les espèces animales non humaines sensibles. Mais pourquoi s'arrêter à ces seules espèces ? Pour ma part je considère que la philosophie de l'antispécisme doit s'appliquer à toutes les espèces, quelles qu'elles soient, même végétales. Car les végétaux aussi sont mus par le même vouloir vivre que les animaux. Évidemment, jusqu'à preuve du contraire, ils ne souffrent pas lorsqu'on les coupe, les arrache ou les cueille, et ils n'ont pas les mêmes intérêts à vivre (ils ne peuvent profiter de leur existence de la même manière que des animaux). C'est la raison pour laquelle il vaut mieux se nourrir de végétaux que d'animaux. Cela ne nous empêche pas de réfléchir à nos responsabilités à l'égard de ces végétaux. Peut-être serait-il temps de creuser un nouveau domaine en philosophie morale qui serait « l'éthique végétale » ?

ÉD : Tout ça est assez révolutionnaire. Comment ton livre a-t-il été reçu par les mouvements écologistes ?

AC : Le candidat écologiste à la prochaine élection présidentielle française, Yannick Jadot, ancien de Greenpeace, semble très loin de ces préoccupations. Néanmoins Europe Écologie Les Verts, qui est notre mouvement écolo le plus connu, dont est issu Yannick, commence à prendre conscience du fait qu'il doit moderniser son logiciel. Ses dirigeants ont, par exemple, demandé à me rencontrer pour discuter de ce nouveau modèle d'écologie politique que je défends. Mais ils ont un problème qu'ils se refusent à affronter : l'antispécisme est selon moi antilibéral. Or les écolos chez nous essayent de défendre l'idée que l'écologie serait « apolitique » ou « au-dessus des partis ». Ils évitent donc les questions économiques (à part pour promettre des « emplois verts »), ne remettent pas en cause la logique de la recherche de croissance, et se refusent évidemment à seulement envisager de réformer en profondeur l'agriculture en abandonnant les productions animales. Nos leaders écolos sont ancrés dans de vieux modèles. Aucun d'entre eux, par exemple, n'est végétarien. Certains commencent à évoquer la nécessité de faire diminuer la consommation de viande, mais on sent qu'il s'agit déjà à leurs yeux d'une audace folle.

ÉD : Tu dis que « le capitalisme moderne est la philosophie de l'abrutissement par le besoin » et consacres tout un chapitre à déconstruire le modèle néolibéral. L'antispécisme serait le marxisme du XXIe siècle. Dans *Tout peut changer*, l'auteure canadienne Naomi Klein considère qu'il faut mettre fin au capitalisme pour lutter contre les changements climatiques. Penses-tu que la fin du capitalisme est aussi nécessaire à la libération animale ?

AC : Je préfère employer le mot « libéralisme » plutôt que « capitalisme » car il y a des formes de capitalisme qui ne débouchent pas forcément sur la recherche effrénée du profit (comme, par exemple, le capitalisme d'État, lui aussi critiquable cependant). Mais en effet, l'antispécisme est selon moi forcément antilibéral. Car le libéralisme est en réalité la philosophie de l'exploitation : il faut « faire du fric », et le maximum, par tous les moyens. On exploite donc les salariés, les ouvriers, les enfants, les animaux non humains... Le libéralisme et surtout sa version la plus récente, le néolibéralisme, n'ont aucune morale :

Photo Same Ravenelle

leurs seules limites sont celles posées par la loi, qu'ils essayent par tous les moyens de contourner. Au XXe siècle, nous n'avons pas besoin des produits animaux pour vivre. La seule raison pour laquelle nous continuons à tuer des animaux pour nous en nourrir ou en utiliser la peau est une raison économique. Or l'ONU considère qu'il y a dans le monde 1,3 milliard d'emplois reliés à l'élevage. Vous imaginez bien que si on supprime l'exploitation animale, il faut créer un tout autre monde, et ce monde est un monde où l'on cesse d'exploiter les plus faibles, quels qu'ils soient. C'est un monde de solidarité, de compassion, d'empathie. Un monde donc antilibéral.

ÉD : À l'automne 2016, des intellectuels français ont appelé à la création d'un « secrétariat d'État à la condition animale ». Que penses-tu d'une telle initiative ?

AC : C'est à mon avis l'exemple même de la fausse bonne idée. Pourtant, il y a quelques années, j'ai moi-même pensé que c'était une revendication logique pour les défenseurs des animaux. Mais j'ai revu mon point de vue. Je considère aujourd'hui qu'il est illusoire de penser qu'un tel ministère ferait avancer les droits des animaux. C'est exactement comme le ministère de l'Écologie, qui ne devrait pas exister non plus. Si l'écologie est une pensée politique, comme je le crois, c'est-à-dire une pensée qui propose une vision globale de société, alors elle n'a aucune raison de devenir l'intitulé d'un simple ministère. Il n'existe pas de « ministère du Socialisme » ou de « ministère du Libéralisme ». Une vision écologiste de la société implique de revoir complètement les choix économiques, les choix en matière de logement, les choix de politique étrangère, etc. L'écologie n'est pas une matière comme l'économie ou les affaires étrangères, c'est une vision. Il est donc assez paradoxal que tous les gouvernements, de droite comme de gauche, aient maintenant un ministère de l'Écologie.

Mais tactiquement c'est très compréhensible : cela permet aux partis classiques de récupérer une idée politique devenue sympathique auprès des électeurs et de la contrôler en la maintenant dans un carcan. C'est exactement ce qui arrivera avec un secrétariat d'État à la condition animale s'il existe un jour. Ça servirait à quoi ? À dire qu'il faut « respecter les animaux » ? Nous avons déjà de nombreux textes, dans nos lois, qui l'affirment. Simplement, ces textes ne sont souvent pas respectés ou ne vont pas assez loin. Aujourd'hui, le seul mouvement réellement capable de faire avancer la cause animale est l'antispécisme, dont le véganisme est l'une des conséquences. Faudrait-il alors un « ministère des Droits des animaux » comme il y a eu un ministère des Droits de l'homme ? Non. Car il s'agirait dans ce cas-là d'un « ministère de l'Antispécisme ». Or l'antispécisme est selon moi une pensée politique (la vision la plus récente et la plus cohérente de l'écologie) qui a des implications sur tous les pans de la société. Pour les raisons évoquées plus haut, il ne saurait devenir l'intitulé d'un ministère.

Si l'écologie est une pensée politique, comme je le crois, c'est-à-dire une pensée qui propose une vision globale de société, alors elle n'a aucune raison de devenir l'intitulé d'un simple ministère. Il n'existe pas de « ministère du Socialisme » ou de « ministère du Libéralisme ».

ÉD : Dans le chapitre « Antispéciste comme Superman », tu dis que « la philosophie du partage consiste simplement à redonner à l'autre une partie de la chance dont la vie l'a privé. Par conséquent, elle n'est pas une option, mais une nécessité ». Comment peut-on institutionnaliser cette nécessité de donner au suivant ?

AC : C'est un souhait très laïque, et pourtant il me semble qu'on peut retrouver ce genre de message dans presque toutes les religions : la nécessité de partager, de s'occuper des moins bien lotis, de donner à manger à celui qui a faim... Il est tristement ironique de noter que chez nous, en France, la droite qui se réclame la plus proche des valeurs catholiques est précisément la mouvance politique qui veut le plus rogner les droits sociaux et notre système de solidarité... Après la Seconde Guerre mondiale, au sortir de la pire barbarie qu'ait connue l'humanité, l'envie de mettre en place des mécanismes de redistribution et de couverture sociale a été très forte. Depuis trente ans, hélas, nous prenons la direction inverse, en nous enfermant dans une nouvelle forme de violence du « marche ou crève ». Le néolibéralisme est une barbarie morale qui engendre des dizaines de millions de victimes. L'idée consiste à détricoter tous les processus de solidarité existants et à demander aux gens de se débrouiller eux-mêmes, grâce à des protections privées. Cela va à rebours d'une progression éthique de la société.

Mais pour répondre directement à ta question, il y a une mesure qui permettrait de rééquilibrer d'emblée les choses : offrir à chaque individu qui parait sur terre les moyens de sa subsistance : de quoi se loger, se vêtir et se nourrir. Il s'agit d'aller beaucoup plus loin que la proposition de revenu universel, qui n'est finalement qu'une synthèse de toutes les aides actuellement possibles, mais qui ne permet pas de vivre décemment. Si l'on n'avait plus besoin de lutter pour survivre, dans un système qui nous impose de le faire au détriment des autres, ce serait déjà une belle avancée. Supprimons la compétition de nos réflexes, pour ne nous intéresser qu'à la création. « Mais la compétition est un mécanisme auquel sont soumises toutes les espèces, et c'est un mécanisme utile à la survie ! » vont répondre en chœur les adeptes d'un darwinisme mal digéré. Il s'agit là encore de s'interroger sur l'espèce que nous sommes : nous sommes l'animal le plus moral. C'est à ce titre que nous nous devons de respecter les autres animaux et de ne pas les tuer. Nous pourrions aussi inventer une nouvelle règle : celle qui refuse de faire de la compétition et de la soumission du plus faible LES règles d'or de notre société.

Le libéralisme est en réalité la philosophie de l'exploitation : il faut « faire du fric », et le maximum, par tous les moyens. On exploite donc les salariés, les ouvriers, les enfants, les animaux non humains...

ÉD : Tu parles beaucoup de bonheur. Tu expliques notamment que le capitalisme prospère sur notre tendance naturelle à la cupidité et à la jouissance et selon toi, « un des crimes de notre civilisation est d'avoir falsifié l'idée du bonheur ». D'où vient cet intérêt pour le bonheur ? Que devrait être le bonheur ?

AC : Nous nous posons tous la question du bonheur, qui est officiellement notre préoccupation première. Que l'on soit riche, pauvre, célèbre, anonyme, marié, célibataire, bien portant ou malade, tous les contextes conduisent à ces interrogations ultimes : sommes-nous heureux ? Que nous manque-t-il pour l'être davantage ? Je partage l'avis de Schopenhauer qui définit le bonheur par la négative, c'est-à-dire par l'absence de souffrance, dans la mesure où le ressenti du bonheur est extrêmement fugace et où la plupart du temps, on ne se rend pas compte que l'on est heureux. En revanche, si l'on est malheureux, on le ressent fortement et durablement. La question du bonheur devient donc : comment puis-je faire pour ne pas souffrir ? Ne pas être frustré ? Ne pas me sentir seul ? Ne pas me sentir inutile ? Ne pas me détester ?

Je crois qu'il n'y a donc pas une réponse unique au moyen d'être heureux, mais qu'il convient d'empêcher les multiples manifestations du malheur. Avec, en bout de course, un but que je mets au-dessus de tous les autres : pouvoir se réaliser, ce qui implique d'avoir la possibilité d'identifier ses désirs. J'écris dans *Antispéciste* que le plus terrible qui puisse nous arriver est de quitter ce monde sans y être vraiment né. Pour cela, il faut donc être libre. Selon moi, contrairement à l'idée rousseauiste, nous naissons prisonniers (de notre éducation, de notre milieu social, de nos préjugés, de notre nationalité, certains diront encore que nous sommes prisonniers de notre genre), et tout le but de l'existence et de s'affranchir de ces chaines. Une vie réussie est une vie où l'on meurt libre.

ÉD : Et tiens, puisqu'on parle de bonheur : la recette végane qui te rend le plus heureux ?

AC : Les meringues au jus de pois chiche ! Il faut remettre une médaille à celui ou celle qui a trouvé cette astuce[1].

Élise Desaulniers est une essayiste québécoise qui a notamment publié *Vache à lait : dix mythes de l'industrie laitière* et *Le défi végane 21 jours* (La Plage, 2017).

1 NDLR : La médaille va au chef français Joël Roessel. Pour en savoir davantage sur l'histoire de l'aquafaba, visitez aquafaba.com.

CUISINE

spécial fromages végétaux

Photo Kéven Poisson

Introduction aux fromages végétaux

Marie-Claude Plourde et Lora Zepam

Pourquoi existe-t-il autant de noms différents pour désigner les produits végétaliens qui s'apparentent aux produits laitiers ?

Tout simplement parce que les termes *lait*, *beurre* et *fromage* sont très fortement associés aux produits dérivés du lait de vache. Parfois, ces termes leur sont même réservés dans certaines législations.

Même si contrairement au *lait*, le mot *fromage* peut en théorie être utilisé pour désigner des produits végétaux, il est alors nécessaire de spécifier qu'il s'agit d'un produit à « saveur » de fromage. Il est aussi plus prudent d'indiquer, pour éviter toute ambiguïté, qu'il s'agit d'un aliment « sans produit laitier ». Puisque ces considérations d'ordre juridique alourdissent énormément le nom du produit, la plupart des entreprises fabriquant des fromages végétaux ont préféré opter pour des noms qui se dissocient clairement du fromage laitier, tout en ressemblant au mot *fromage* graphiquement ou phonétiquement. De plus, certaines personnes véganes préfèrent éviter de nommer leurs aliments avec des mots qui servent aussi à décrire les produits issus de l'exploitation animale. C'est pour répondre à ces besoins que sont apparus des termes comme *fauxmage* et *vromage*, entre autres.

Il n'y a rien d'étonnant à ce que les gens souhaitent nommer différemment une nouvelle réalité. Après tout, le choix des mots utilisés pour référer aux choses qui nous entourent est tout à fait arbitraire : nous avons d'ailleurs pu le constater récemment avec l'entrée fracassante du mot *Gary* dans le lexique. Ce qui est pour le moins cocasse, c'est que ce terme a été suggéré en boutade par une personne qui tenait beaucoup à ce que l'appellation *fromage* continue de désigner uniquement les produits faits à partir de lait de vache : « Appelez ça du Gary si vous voulez, mais n'appelez pas ça du fromage parce que CE N'EST PAS DU FROMAGE ![1] » Suffisamment de véganes se sont mis à utiliser spontanément le terme pour qu'il soit reconnu et compris, et qu'il s'implante au moins momentanément dans l'usage, ce qui doit rendre jaloux plusieurs terminologues dont les créations lexicales ne connaissent pas le succès espéré auprès du public.

Petit lexique

Fauxmage: Néologisme qui semble intéressant à l'oreille, car il ressemble beaucoup au mot *fromage*, mais qui est souvent critiqué puisqu'il laisse sous-entendre que le produit n'est pas un vrai aliment, qu'il n'est qu'un faux, un imposteur.

Frawmage: On devine qu'il est cru (de l'anglais *raw*), mais les gens qui détestent les emprunts et les mots-valises n'aimeront clairement pas ce néologisme.

Fromage végane: On veut ici mettre l'accent sur la dimension politique du produit.

Fromage végétal: L'adjectif *végétal* est déjà utilisé ainsi pour décrire certains produits, comme la margarine végétale ou la graisse alimentaire. C'est neutre et ça dit l'essentiel. Ce terme est redondant avec celui qui suit; c'est que l'usage est encore flottant et qu'il hésite entre tous ces termes concurrents.

Fromage végétalien: Ici, l'accent est davantage mis sur le fait qu'il s'agit d'un fromage à *base de plantes*.

Fromage: Tout simplement. Entre véganes, on ne se casse pas la tête, on se comprend. On sait que le fromage n'est pas d'origine animale. Certains restos véganes font de même et ne prennent pas la peine de préciser partout sur leur carte qu'ils utilisent des fromages végétaux.

Gary: Ce mot fait sourire parce qu'il est arrivé de manière aussi spontanée qu'inusitée. C'est le mot populaire de l'heure pour désigner les fromages végétaux; on est plusieurs à espérer qu'il est là pour rester.

Levure alimentaire (ou nutritionnelle): Levure inactive qui est souvent enrichie de vitamine B12 et qui sert à donner un gout de ferment aux aliments. Comme elle est inactive, on s'en sert uniquement pour ajouter de la saveur à un plat, on ne peut pas l'utiliser pour faire lever un pain.

Refuge RR. Photo Katya Konioukhova

Rejuvelac: Liquide fermenté, mais non alcoolisé, fait à partir de grains ou de céréales. Les enzymes présents dans le liquide permettent de faire fermenter les fromages végétaux afin de leur donner un gout s'apparentant davantage aux fromages laitiers vieillis.

Vromage: Néologisme qui tente de reproduire phonétiquement une sonorité s'approchant de *fromage* tout en étant positif et en sonnant davantage comme un *vrai* aliment.

1 Ashitha Nagesh, « Vegans have renamed all of their cheese "Gary" », *Metro*, 29 septembre 2016, page consultée le 10 décembre 2016.

Photos Marie Laforêt

Photo Same Ravenelle

Petits fromages cendrés
Marie Laforêt

Marie Laforêt est photographe et auteure de plusieurs livres de cuisine végétalienne. Elle tient le blogue *100 % Végétal* sur lequel elle partage ses créations culinaires.

Ingrédients pour 4 petits fromages

175 g	noix de cajou non grillées
1 capsule	probiotiques végétaliens (30 millions)
¼ c. à t.	ail en poudre
½ c. à t.	sel
1 c. à t.	vinaigre de cidre
2 c. à t.	levure alimentaire (ou nutritionnelle)
∞	charbon végétal en poudre

01 Faire tremper les noix de cajou dans un bol d'eau pendant 8 heures. Égoutter.

02 Mixer avec 5 cuillerées à soupe d'eau, ajouter le contenu d'une capsule de probiotiques et mélanger à nouveau. Verser le mélange dans un bocal et fermer hermétiquement. Laisser fermenter à température ambiante pendant 12 à 48 heures selon la saison et votre gout.

03 Mélanger l'ail, le sel, le vinaigre de cidre et la levure alimentaire (ou nutritionnelle) au contenu du bocal. Huiler très légèrement 4 moules à muffin ou les chemiser de caissettes papier ou papier cuisson. Répartir la moitié ou les deux tiers du mélange dans les moules. Ajouter une fine couche de charbon et compléter avec le reste du mélange aux noix de cajou. Bien lisser sur le dessus.

04 Cuire au four préchauffé à 100 °C (212 °F) pendant 30 minutes. Démouler les fromages et les laisser refroidir sur une grille. Se conservent au frais pendant quelques jours dans une boîte hermétique ou bien emballés.

⟶

Mini-boules de mozza végétale
Marie Laforêt

Ingrédients
pour de 12 à 15 boules

375 ml	lait d'amande non sucré
5 c. à s.	yaourt de soja nature non sucré
4 c. à s.	huile végétale au gout neutre au choix (sauf huile de coco désodorisée)
1 c. à t.	sel
1½ c. à t.	agar-agar
3 c. à s.	fécule de maïs

01 Mélanger tous les ingrédients dans une casserole au fouet et porter à feu vif tout en mélangeant constamment. Laisser cuire à petit bouillon quelques minutes jusqu'à ce que le mélange épaississe.

02 Recouvrir de pellicule de plastique un plat de 7 × 15 cm environ et y verser le mélange. Laisser tiédir puis placer au frais 2 heures.

03 À l'aide d'une cuillère parisienne, former 12 à 15 billes de mozza. Elles pourront être conservées au frais dans un bocal rempli d'eau additionnée d'une demi-cuillerée à thé de sel pendant quelques jours. Les chutes de mozza restantes pourront être utilisées sur une pizza, dans des sandwichs grillés au fromage ou dans une tarte salée, cette mozza peut fondre au four et gratiner. Les mini-boules seront idéales en salades ou brochettes apéritives.

Boules de mozza panées au basilic
Marie Laforêt

Ingrédients
pour 12 boules / 4 personnes

12 feuilles	basilic de taille moyenne
150 ml	fécule de maïs
150 ml	eau
1 bol	chapelure
500 ml	huile au gout neutre pour friture

01 Égoutter les boules de mozza si elles étaient conservées dans un bocal d'eau.

02 Laver les feuilles de basilic et les sécher.

03 Mélanger la fécule et l'eau dans un bol. Coller une feuille de basilic sur une boule de mozza, tremper la boule dans le mélange à base de fécule en veillant à bien tenir la feuille.

04 Rouler dans la chapelure et renouveler l'opération une deuxième fois pour une panure bien épaisse.

05 Mettre l'huile à chauffer dans une petite casserole et paner toutes les boules de mozza avec les feuilles de basilic. Faire frire les boules de mozza dans l'huile chaude pour qu'elles soient bien dorées et croustillantes, et déposer sur du papier cuisson pour absorber l'excédent d'huile. Déguster chaud sans attendre.

Photo Kéven Poisson

Fromage végétal aux fines herbes

Janyck Beaulieu

Janyck Beaulieu a été à la barre du projet Byrdsheese, une microentreprise de fromages végétaliens faits essentiellement d'ingrédients biologiques, pendant trois ans. Elle se consacre désormais à ses études en science politique à temps plein.

Ingrédients

1 tasse	noix de cajou crues
1 tasse	eau
1/4	capsule de probiotiques de riz fermenté Bio-K
1/3 tasse	levure alimentaire (p. ex. de type Red Star)
2 c. à s.	huile de noix de coco désodorisée
1 gousse	ail, hachée finement
1/4 c. à t.	poudre d'oignon
1/4 tasse	persil séché
1 c. à s.	ciboulette séchée
1/2 c. à t.	estragon séché
1/2 c. à t.	cerfeuil séché
1/2 c. à t.	thym séché
∞	une pincée de sel

01 Recouvrir les noix de cajou d'eau tiède, et laisser tremper pendant 4 à 6 heures.

02 Dans un mélangeur à haute vitesse, mettre les noix de cajou égouttées, l'eau, l'huile de noix de coco, la moitié de la levure alimentaire et les probiotiques. Mélanger jusqu'à l'obtention d'un mélange très lisse.

03 Placer un tamis sur un bol et le recouvrir de deux épaisseurs de papier essuie-tout, puis y verser le mélange de noix de cajou. Laisser le mélange s'égoutter pendant 2 à 4 heures (à température ambiante). Si vous avez un coton à fromage, vous pouvez y verser le mélange et le suspendre sur un bol pour que le mélange s'égoutte.

04 Déposer la préparation dans un bol, puis ajouter le reste des ingrédients en prenant bien soin de mélanger pour obtenir une préparation homogène. Recouvrir de pellicule de plastique en laissant un petit coin libre, puis laisser fermenter de nouveau pendant 2 à 4 heures (à température ambiante).

05 Pour mouler le fromage, mettre de la pellicule de plastique dans 2 petits ramequins et y verser le mélange, puis recouvrir. Laisser fermenter et durcir pendant une nuit complète au réfrigérateur.

06 Démouler et servir avec du pain ou des craquelins.

07 Se conserve de 3 à 5 jours au réfrigérateur, et jusqu'à 3 mois au congélateur.

Photo et portrait Kéven Poisson

Boulettes de tofu pizza
Joé Végé

Chef végétalien, fou d'épices et de sandwichs au concombre, **Joé Végé** offre un service de traiteur, Le Raton végé, et une gamme de prêt-à-manger au Frenco Comptoir Café, à Montréal. Grand voyageur et curieux infatigable, il a déjà parcouru l'Asie et l'Océanie en quête de nouvelles saveurs et d'inspiration, dormi avec un raton laveur dans une tente et fait plus de 500 pâtés chinois végétaliens. Sa seule ennemie? La mandoline.

Ingrédients
donne environ 6 portions

Boulettes de tofu

400 g	tofu ferme, émietté
2	oignons verts, émincés
1/4 tasse	graines de lin moulues
3/4 tasse	flocons d'avoine
1/4 tasse	levure alimentaire
1/4 tasse	huile d'olive
2 gousses	ail, ciselées
∞	sel et poivre

Garnitures

1	oignon rouge, coupé en rondelles
1	poivron vert, coupé en lamelles
1 paquet	champignons de Paris, émincés
1 1/2 tasse	sauce à pizza

Fromage végétal

1 gousse	ail, ciselée
1/4 tasse	huile d'olive
300 g	tofu soyeux
1/4 tasse	tapioca
1/3 tasse	bière
∞	sel

01 Préchauffer le four à 400 °F (200 °C). Dans un cul de poule, mélanger le tofu, les oignons verts, les graines de lin, les flocons d'avoine, la levure alimentaire, l'huile d'olive et l'ail. Saler et poivrer. Bien mélanger et former des boulettes de la taille d'une balle de ping-pong. Enfourner les boulettes sur une plaque légèrement huilée et cuire pendant 20 minutes, en prenant soin de retourner à la mi-cuisson.

02 Pendant ce temps, sauter dans un poêlon l'oignon, le poivron et les champignons environ 5 minutes. Réserver.

03 Dans une casserole, faire revenir les gousses d'ail émincées dans l'huile d'olive à feu moyen pendant 1 minute. Retirer du feu et ajouter le tofu soyeux, le tapioca, la bière et le sel, puis mixer le tout à l'aide d'un pied mélangeur jusqu'à l'obtention d'une crème lisse. Chauffer à feu moyen et battre au fouet pendant environ 2 minutes.

04 Dans un plat en pyrex, déposer successivement les boulettes, la sauce à pizza et les légumes. Couvrir de fromage végétal et enfourner 10 minutes supplémentaires.

Photo Kéven Poisson

Fettucine Alfredo à la noix de coco

Mérida Anderson

L'artiste queer multidisciplinaire originaire de Vancouver **Mérida Anderson** a fondé Vegan Secret Supper – club gastronomique organisant des cuisines temporaires et de luxueux soupers végétaliens privés à Vancouver, New York et Montréal. Le livre de recettes du même nom est paru en 2014.

Ingrédients
donne environ 8 portions

2 c. à t.	huile de pépin de raisin
1	petit oignon, haché
3 gousses	ail, hachées finement
1/4 c. à t.	sel (ou au gout, à la fin)
1/4 c. à t.	poivre
1/4 c. à t.	flocons de piment fort (facultatif)
1 c. à s.	tamari
2 c. à t.	vinaigre de vin blanc
1 c. à t.	pâte de tomate
2 c. à s.	tahini
2 c. à s.	levure alimentaire
1	conserve de 14 oz (400 ml) de lait de coco
1 c. à t.	jus de lime
500 g	pâtes alimentaires, cuites (au besoin, utiliser des pâtes sans gluten)

01 Placer l'oignon et l'huile de pépin de raisin dans un chaudron, et faire sauter à feu mi-vif pendant une minute.

02 Ajouter l'ail et continuer de faire cuire pendant environ une minute.

03 Ajouter le sel, le poivre, les flocons de piment fort, la pâte de tomate, le tahini, le vinaigre de vin et le tamari, et bien mélanger à l'aide d'un fouet.

04 Ajouter la levure alimentaire et fouetter jusqu'à ce que le mélange soit uniforme et commence à frémir, en prenant bien soin qu'il ne brûle pas. Le mélange pourrait légèrement coller au fond.

05 Incorporer graduellement le lait de coco en remuant à l'aide d'un fouet jusqu'à l'obtention d'un mélange lisse. Amener le mélange près du point d'ébullition en remuant fréquemment, puis baisser le feu pour que la sauce mijote doucement, en prenant soin de remuer fréquemment pendant environ 5 à 8 minutes.

06 Ajouter le jus de lime à la toute fin, et rectifier l'assaisonnement en ajoutant du sel et du poivre, au besoin. Verser les pâtes égouttées dans la sauce, puis mélanger pour combiner le tout.

07 Servir immédiatement.

Photo Kéven Poisson

Biscuits Graham
Marie-Michelle Chouinard

Ingrédients

3 tasses	farine tout usage
1 c. à t.	poudre à pâte
½ c. à t.	bicarbonate de soude
1 c. à t.	cannelle en poudre
½ tasse	margarine végétale
1 tasse	cassonade foncée
1 c. à s.	pâte de gousse de vanille ou d'essence de vanille
½ tasse	boisson végétale ou de noix (saveur originale)

01 Dans un cul de poule, mélanger les ingrédients secs. Réserver.

02 Dans un second bol, battre le beurre, la cassonade et la vanille. Une fois le mélange crémeux, ajouter la boisson végétale. Incorporer les ingrédients secs et bien mélanger jusqu'à ce que l'appareil soit homogène. Former une boule avec la pâte, couvrir le bol et réfrigérer pour la nuit.

03 Préchauffer le four à 350 °F (175 °C). Sur une surface farinée, diviser la pâte à biscuits en quatre. Au rouleau à pâte, abaisser chaque pièce jusqu'à une épaisseur d'environ un demi-centimètre. La forme n'a pas besoin d'être parfaite, les biscuits seront réduits en chapelure plus tard. Déposer la pâte sur une plaque à biscuits recouverte de papier parchemin et enfourner de 13 à 15 minutes jusqu'à ce que la pâte soit bien dorée. Laisser refroidir complètement.

Cheesecake classique
Marie-Michelle Chouinard

Grande gourmande d'origine gaspésienne, **Marie-Michelle Chouinard** rêve depuis longtemps d'ouvrir sa propre pâtisserie végane. Après avoir lancé *Basilic & Chocolat* en 2015, elle partage actuellement sa passion pour le végétalisme et la beauté sur le blogue *Projet V*, tout en mettant l'eau à la bouche des internautes en publiant les photos de ses somptueux desserts sous le pseudonyme Mousse meringue sur Instagram et Facebook. La pâtisserie du même nom devrait bientôt voir le jour.

Ingrédients
donne environ 12 portions

Croute Graham

Un quart de recette de biscuits Graham

2 c. à s.	margarine végétale fondue

Mélange à cheesecake

4 tasses	noix de cajou entières crues
4 c. à s.	jus de citron
1 c. à s.	vinaigre de cidre de pomme
1 c. à s.	pâte de gousse de vanille ou d'essence de vanille
1 tasse	lait de coco
1/2 tasse	sucre à glacer
1/2 c. à t.	sel

01 La veille, mettre à tremper les noix de cajou dans l'eau et réfrigérer pour la nuit.

02 Au robot, broyer finement les biscuits Graham. Une fois broyés, vous devriez obtenir deux tasses de chapelure. Ajouter le beurre fondu au robot et mélanger à nouveau. Recouvrir le fond d'un moule à charnière de 9 pouces de papier parchemin. Déposer le mélange de biscuits Graham de manière à couvrir le fond du moule d'une épaisseur régulière. Presser le mélange avec les doigts afin de bien tasser la chapelure pour former une croute. Réserver.

03 Égoutter et rincer les noix de cajou. Déposer tous les ingrédients dans un mélangeur et mélanger à haute puissance pendant environ 3 minutes ou jusqu'à ce que le mélange soit bien lisse. Si vous possédez un mélangeur à forte puissance, aidez-vous du bâton poussoir. Dans le cas contraire, arrêtez de mélanger aux 30 secondes et racler bien les bords du contenant.

04 Verser le contenu sur la croute Graham. Taper légèrement le moule à charnière sur votre surface de travail afin d'éviter les bulles d'air dans le gâteau. Lisser bien la surface à l'aide d'une spatule. Mettre au congélateur pour un minimum de 4 heures.

05 Quelques heures avant de servir, faites le tour du moule à l'aide d'une spatule ou d'un couteau afin de décoller le gâteau des parois et défaites le moule à charnière. Transférer au réfrigérateur afin de laisser le gâteau décongeler, puis le laisser reposer une heure à température ambiante.

06 Se conserve près d'un mois au congélateur.

⟶

Photo Kéven Poisson

Cheesecake aux épices en tartelettes

Marie-Michelle Chouinard

Ingrédients
donne 3 tartelettes

Croute

145 g	biscuits Graham
10	dattes Medjool dénoyautées
1 c. à s.	margarine végétale fondue
∞	margarine supplémentaire pour beurrer les moules

Mélange à cheesecake

255 g	noix de cajou crues
1 gousse	cardamome
1 grain	poivre long (1 pouce de longueur)
1/4 c. à t.	clou de girofle moulu
1 c. à s.	gingembre moulu
1/2 c. à s.	cannelle moulue
1/2 noix	muscade râpée
1/8 c. à t.	sel
2 c. à s.	sucre à glacer
1/4 c. à t.	pâte de gousse de vanille
1 c. à s.	vinaigre de cidre
2 c. à s.	jus de citron
1/2 tasse	boisson végétale
1/2 c. à s.	pastis (facultatif)

01 Faire tremper les noix de cajou dans l'eau au réfrigérateur pendant toute une nuit. Sinon, les faire bouillir dans l'eau pendant 30 minutes. Bien rincer les noix, puis mettre dans un mélangeur.

02 À l'aide d'un robot, mélanger tous les ingrédients de la croute jusqu'à l'obtention d'un mélange uniforme. Beurrer légèrement les moules à tartelettes. Répartir le mélange à croute avec les doigts dans trois moules et bien presser afin de former une croute bien tassée. Réserver au réfrigérateur.

03 Ouvrir la gousse de cardamome. Au mortier, écraser les graines de cardamome et le poivre long jusqu'à l'obtention d'une poudre. Tamiser le mélange afin d'en retirer les gros morceaux et déposer les épices moulues dans le mélangeur, avec tous les ingrédients restants et les noix de cajou. À puissance maximale, réduire les ingrédients en crème lisse. Au besoin, racler les bords du contenant.

04 Déposer le mélange crémeux sur les croutes à tartelette et mettre les tartelettes au congélateur. Quelques heures avant de servir, démouler délicatement les tartelettes et transférer au réfrigérateur.

DOSSIER

générations véganes

Illustration Mathilde Cinq-Mars

Introduction
Julia Haurio

De plus en plus de gens adoptent un mode de vie végane. Les médias en ont abondamment parlé dans la dernière année, presque tout le monde sait de quoi il s'agit. Difficile d'imaginer qu'il y a à peine une vingtaine d'années, le végétalien était systématiquement vu comme le mouton noir, le marginal qui amène son steak de tofu aux repas de famille. Pourtant, c'était bien le cas.

Aujourd'hui, on voit même apparaitre des familles où le véganisme est une valeur commune – ou, du moins, s'il n'est pas adopté par tous, au sein desquelles il est accepté et respecté. Ce n'est pas rien. Il y a un lien très émotif entre famille et alimentation. Comme le remarque la psychiatre Irène Kaganski, « la nourriture est une partie intégrante du mythe familial, c'est-à-dire de l'ensemble des croyances implicites partagées par tous les membres d'une famille »[1]. Voir son enfant tourner le dos aux traditions peut facilement être vécu comme une trahison pour les parents. Il faut donc de part et d'autre beaucoup d'ouverture pour éviter que ce choix de vie n'engendre de conflits.

Transmettre le véganisme à nos enfants peut aussi être moins évident qu'il n'y parait. Je trouve personnellement qu'élever un enfant végane dans une société carniste est difficile. Quand mon fils est né, j'affirmais haut et fort que je le laisserais choisir lorsqu'il serait en âge de comprendre et de faire un choix conscient. Mais au fond de moi, j'étais persuadée (ou du moins, j'espérais) qu'être végane serait pour lui une évidence. Il faut aussi dire que la vidéo du petit Brésilien qui ne voulait pas manger de poulpe tournait en boucle sur les réseaux sociaux…

Les enfants ne veulent pas manger les animaux, n'est-ce pas ? Oui, peut-être qu'ils naissent « alliés des animaux », comme l'écrit Dominic Hofbauer dans son texte sur l'enseignement de l'éthique animale (p. 68), mais très rapidement, ils sont aussi influencés par celles et ceux qui les entourent. Je dois bien avouer que je n'ai pas trouvé les mots pour expliquer à mon fils de quatre ans pourquoi les gens qu'il aime, son père notamment, mangeaient des animaux. Comment lui dire de manière simple et compréhensible pour son âge sans tomber dans des propos manichéens ? Moi-même je ne me l'explique pas complètement.

Bref, ce n'est pas toujours simple. Le plus souvent, le « coming out » végane bouleverse l'ordre établi et fait souffler un vent de changement qui n'est pas toujours bien accueilli. Avec ce dossier, *Véganes* a donc voulu explorer la manière dont le véganisme se conjugue avec les problématiques familiales. Pour ce faire, nous vous proposons les portraits de trois familles inspirantes, ainsi qu'une entrevue avec l'ex-athlète olympique et végane de naissance Seba Johnson. Nous faisons également le point sur l'aspect santé du végétalisme qui préoccupe si souvent les proches : la nutritionniste canadienne Vesanto Melina précise ce qu'implique une telle diète pour les personnes âgées tandis qu'Ophélie Véron, qui m'a accompagnée dans le pilotage de ce dossier, déconstruit les mythes sur le végétalisme chez les jeunes enfants et pendant la grossesse.

Nous explorons aussi la non-parentalité avec la documentariste Magenta Baribeau, et la domination adulte avec une présentation du livre d'Yves Bonnardel. Côté pratique, le dossier comporte les conseils de Lora Zepam aux ados véganes qui veulent survivre dans un monde carniste et des suggestions de lectures pour petits végés de la blogueuse Sophie Cottarel. Bonne lecture !

Julia Haurio est journaliste pour le magazine *Coup de pouce* et co-organisatrice du Festival végane de Montréal.

1 *Enfances & Psy magazine.*

Photo Maud Chalard

Un air de famille

Julia Haurio

À quoi ressemble une famille végane ? Il n'y a pas de réponse unique à cette question. Les familles véganes sont aussi singulières que n'importe quelle autre famille. Pourtant, aussi différentes soient-elles, elles se ressemblent par l'adhésion à un style de vie excluant la consommation de produits animaux. *Véganes* a rencontré trois d'entre elles pour écouter leur histoire et découvrir comment elles vivent leur choix au quotidien.

Les engagés

Yann David, 43 ans
Valérie Poulin, 30 ans
Élie, 5 ans
Émile, 3 ans

Dimanche matin : Yann et Valérie s'affairent dans la cuisine pour les derniers préparatifs du pique-nique végane qu'ils organisent et où ils espèrent rassembler une quarantaine de personnes. Yann a préparé un pâté végétal à la betterave et du tofu brouillé. Les filles, Élie et Émile, virevoltent autour de leurs parents, Moustache, le chat rescapé, fuit l'effervescence tandis que Gypsy, le boxer croisé, observe le joyeux chaos. Ça sent la vie dans ce bas de triplex montréalais. Et la vie, la famille David-Poulin la respecte au point d'avoir fait le choix de ne plus la sacrifier pour son propre plaisir, au point de ne plus encourager la souffrance animale sous aucune forme. Cela fait déjà plus d'un an qu'ils sont devenus véganes.

Lorsque le couple s'est rencontré il y a six ans, Yann était végétarien, « J'ai été initié au végétarisme quand j'étais gamin par mes parents hippies », raconte-t-il. Mais Valérie, élevée dans une région de pêche, était totalement omnivore. Lorsqu'elle est tombée enceinte, Yann lui a dit qu'il désirait que leur fille soit élevée en végétarienne, ce qu'elle a accepté, sans pour autant changer ses habitudes. Après l'arrivée de leur deuxième fille, alors que l'idée du véganisme commençait à germer dans l'esprit du couple, Yann a convaincu Valérie de regarder le documentaire *Earthlings* : « Ça ne la tentait pas, mais je lui ai dit : “Ça ne va jamais te tenter, il n'y a personne qui a envie de voir ça”. » Et ça a été radical. Le lendemain, le 15 juillet 2015, la famille David-Poulin était végane.

« C'était la première journée du reste de notre vie. J'avais peur que ce soit contraignant, mais en fait ça a été une libération de la consommation », relate Valérie. « J'ai tout donné : chaussures en cuir, mon costume de mariage en laine... Je ne voulais plus de ça chez moi », affirme Yann. Le principal défi auquel le couple fait face aujourd'hui est d'ordre relationnel. « C'est difficile de constater que nos amis n'embarquent pas. Les gens qu'on aime, qui sont intelligents, sensibles... », regrette Valérie. Vivre dans un monde non végane leur pèse aussi parfois : supporter les odeurs des restaurants, des barbecues l'été... Yann et Valérie doivent aussi conjuguer avec les réactions concernant leurs filles. Élie et Émile

Vivre cette aventure avec leurs filles leur donne envie d'aller plus loin, en leur donnant notamment les outils nécessaires pour naviguer dans un monde carniste.

fréquentent une garderie une fois par semaine seulement, mais ils ont déjà reçu un avertissement car leur ainée parlait de véganisme aux autres enfants.

Il faut dire que les filles sont des petites militantes en herbe. Elles accompagnent parfois leurs parents à des vigiles, collent des stickers provéganes sur leur lit. Naturellement, les parents ont envie de leur transmettre ces valeurs qui leur sont si chères, mais ils restent prudents. « On veut qu'elles soient informées, mais on ne veut pas les traumatiser non plus », déclare Valérie. « On ne leur montre pas d'images violentes, mais à un moment il faut dire les choses comme elles sont », ajoute Yann. En juin dernier, après la marche pour la fermeture des abattoirs, Élie a dit à Valérie avec enthousiasme : « Maman, je pense qu'aujourd'hui c'était la bonne, je crois que les gens ont vraiment compris, on a crié fort, demain les abattoirs vont être fermés ! » Un épisode qui leur a fait réaliser qu'ils devaient aussi les préserver. Réaliser que le monde est encore bien loin d'être 100 % végane pourrait être dur à encaisser pour elles.

Yann fréquente les vigiles assidûment, parler de véganisme le passionne. Tatoueur réputé et très demandé, il profite également de sa position d'influence pour transmettre l'information : « La personne est clouée à la table pendant des heures, elle ne peut aller nulle part, c'est une bonne occasion », s'amuse-t-il. Faire changer les gens est clairement son objectif. Valérie, elle, aime faire passer son message par l'assiette. Elle a créé un groupe Facebook pour partager leurs menus et donner aux gens un espace où parler bouffe loin des débats sociaux et politiques. « Pour nous, organiser un pique-nique, c'est une manière de réunir les gens, de militer par le biais de la nourriture et de montrer aux gens que c'est possible de bien manger, pour pas cher et d'avoir tout ce dont on a besoin. Puis, ça permet aux militants de rencontrer d'autres véganes, élargir leur réseau et se regrouper. »

Élie et Émile vont-elles suivre les traces de leurs parents ? « On nous dit qu'elles vont se rebeller, mais je ne crois pas, dit Valérie. Si on leur enseigne la compassion avant tout, plutôt qu'un engagement fondé sur la restriction, pourquoi le feraient-elles ? » Vivre cette aventure avec leurs filles leur donne envie d'aller plus loin, en leur donnant notamment

La famille David-Poulin. Photo Le Petit Russe

La famille David-Poulin. Photo Le Petit Russe

les outils nécessaires pour naviguer dans un monde carniste.

Et ensuite ? « On rêve souvent d'ouvrir un resto, de faire quelque chose de communautaire, j'aimerais aussi écrire un livre de recettes, Yann aimerait créer un festival antispéciste... On jongle avec pleins d'idées : on veut en faire le plus possible pour la cause », conclut Valérie.

Les atypiques

Mario, 30 ans
Same, 25 ans
Babe, 2 ans

Une maison de poupées. C'est un peu ce que rappelle le tout petit appartement où se sont installés Mario et Same, où ils vivent aujourd'hui avec leurs trois chats, Babe le cochon et, bientôt, leur bébé. Vivre dans un si petit espace est un défi, mais bel et bien un choix. Celui de vivre mieux avec moins. Évidemment, cela nécessite de l'imagination et de l'ingéniosité, mais le couple n'en manque pas. Et c'est une bonne chose, car il leur en a aussi fallu quand ils ont dû adapter leur logis à Babe. Un cochon en appartement, ils le reconnaissent, ce n'est pas idéal. Il faut tout repenser en fonction de ses besoins. Notamment, le couple a dû refaire le plancher car Babe ne voulait pas utiliser la litière et faisait pipi par terre. Mais en le regardant, couché sur le lit, lové contre la cuisse de Mario, il ne fait nul doute que Babe a valu la peine de tous ces efforts et qu'il est un membre de la famille à part entière.

Same et Mario se sont rencontrés sur un plateau de tournage il y a quatre ans. À l'époque, déjà initié au végétarisme par son ex-petite amie, Mario s'interrogeait sur sa consommation de viande qu'il essayait de diminuer notamment en raison d'un léger surpoids. De son côté, Same, qui refuse de manger des animaux depuis sa tendre enfance, est devenue végane en 2012 après avoir visionné le documentaire *La face cachée de la viande*. Quand ils ont emménagé ensemble en janvier 2015, pour Same, c'était non négociable : leur foyer devait être végane. À l'extérieur, il arrive encore à Mario de manger des produits animaux. « Pour le travail, quand je suis en déplacement ce n'est toujours pas facile de trouver des options végétaliennes », dit-il. « Ce sont des excuses ! » lui lance Same, taquine. Ils en rient tous les deux.

Le cheminement du jeune homme est bien différent de celui de son amoureuse. « Je viens d'une famille portugaise, où beaucoup de traditions culinaires sont intimement liées à la viande et au

La famille Ravenelle-Ramos. Photo Bianca Des Jardins

poisson, explique Mario. J'étais à la base un grand amateur de viande, mais j'ai toujours aussi beaucoup aimé les animaux et toujours été sensible à leur souffrance. J'ai longtemps vécu dans le déni, avec les excuses habituelles qu'on se donne: "c'est pas la même chose que des animaux de compagnie", "ils ne sont pas nécessairement maltraités", etc.» Peu à peu, il a réalisé que son intérêt pour la viande et le poisson était surtout affectif, lié à des souvenirs et habitudes familiales. «Toutes les veilles de Noël chez mes parents, on mange de la morue. Considérer de ne plus en manger, c'était pour moi en quelque sorte une trahison.» Il a finalement accepté l'idée que certaines traditions peuvent avoir une fin, et que l'on peut s'en créer de nouvelles en accord avec nos valeurs.

Réinventer les traditions. Quand on a une famille peu conventionnelle qui inclut un minicochon, ça va de soi. Au départ, adopter un cochon en ville avait pour but de sensibiliser les gens en montrant que c'était un animal qui n'avait pas lieu d'être mangé. «Même si ça partait d'une bonne intention, que ça a marché avec nos proches, je ne le recommande vraiment pas.», avoue Same. Ce qu'elle dénonce surtout, ce sont les éleveurs de minicochons qui attirent les gens en jouant sur l'aspect mignon de l'animal, alors qu'avoir un cochon à la maison peut être très contraignant au quotidien, beaucoup plus qu'avoir un chien. Accueillir un cochon dans la famille doit donc être un choix très réfléchi et fait en toute connaissance de cause. Le couple pensait d'ailleurs secourir un cochon quand ils ont contacté le refuge Mini-cochon situé près de Drummondville au Québec. Ils se sont finalement rendu compte que les animaux étaient accouplés dans un but uniquement commercial.

Aujourd'hui, ils s'entendent pour dire que ce membre atypique de leur petite famille leur apporte beaucoup de bonheur au quotidien. Mario aime notamment les balades à ses côtés dans les ruelles montréalaises. «Quand on se promène avec Babe, les gens sont émerveillés. Vivre avec un cochon permet de sensibiliser le monde au fait que c'est un animal intelligent et sensible. La plupart mangent des animaux qu'ils ne connaissent pas et avec lesquels ils ne vivent pas au quotidien», dit Mario. Alors peut-être qu'en les côtoyant plus souvent, tranquillement il est possible de faire évoluer les mentalités, espère-t-il.

Comment envisagent-ils l'avenir avec un cochon et le bébé? «Il va falloir surveiller Babe de près au début. Il est gentil, mais il peut être brusque sans le faire exprès. C'est sur qu'il y aura de l'adaptation pour tout le monde», répond Same. Car pour l'heure, aux dires du couple, c'est un peu le roi de cette adorable maison de poupées.

La famille Ravenelle-Ramos. **Photo** Bianca Des Jardins

La famille Sckoropad-Marchand. Photo Same Ravenelle

Les inspirantes

Julie Marchand, 47 ans
Audrey Sckoropad, 25 ans
Sky, 3 ans

Réunies au café végane de la rue Ontario, elles rayonnent par leurs sourires et leur enthousiasme contagieux: Julie, sa fille Audrey, enceinte de cinq mois, et sa petite Sky, trois générations de végétaliennes issues de la même famille. Si un jour ce genre de trio sera peut-être assez commun, aujourd'hui, il est loin d'être banal. Et leur cheminement vers le végétalisme est définitivement une histoire de famille.

Julie a cinq enfants, dont Audrey est l'ainée (avec Fay sa jumelle), qu'elle a élevés avec une alimentation très saine, riche en fruits et légumes. N'ayant jamais été attirée par la viande (dès l'âge de huit ans, elle la cachait sous la table pour ne pas en manger),

Le fait d'être trois générations de véganes montre à d'autres familles que c'est possible. Je vois que je touche plus de monde.

elle est devenue végétarienne quand sa fille Fay, alors âgée de cinq ans, a fait le lien entre cochon et jambon, décidant ainsi qu'elle n'en mangerait plus. Émy, une autre de ses filles, les a suivies, mais pas le reste de la famille. Elle a respecté leur choix. Puis, les jumelles sont devenues végétaliennes à 17 ans, à la suite de la lecture du livre *Le Rapport Campbell* (Ariane, 2008), une vaste étude internationale sur la nutrition. Curieuse, Julie s'y est intéressée aussi. « Pour être honnête ce n'était pas l'idée de sauver encore plus d'animaux qui m'a attirée, admet-elle, mais celle d'augmenter mes performances physiques. » En l'espace de quelques mois, le reste de la famille a suivi les jumelles dans l'adoption d'un régime végétalien.

« On a vu un effet positif sur la santé de toute la famille : perte de poids, moins de sinusites, de maux de tête et meilleur sommeil », affirme Audrey. Pour elle, la promotion du végétalisme est devenue une véritable passion : « J'ai fait une formation en naturopathie, on a eu une chaine YouTube avec Fay où nous parlions de notre mode de vie et, aujourd'hui, je donne des ateliers en alimentation végétalienne. J'aide les gens à changer leurs habitudes », explique-t-elle. Et maintenant qu'elle est maman, elle sent que son influence est encore plus grande : « Le fait d'être trois générations de véganes montre à d'autres familles que c'est possible. Je vois que je touche plus de monde. Il y a beaucoup de mamans de jeunes enfants intéressées par le végétalisme et donc là, elles sentent qu'elles ne sont plus toutes seules. Elles peuvent montrer aux autres que quelqu'un le fait et que son enfant est en bonne santé. »

Comme Audrey, Julie a fait du bien-être une carrière. Elle est coach de remise en forme, prof de yoga et conférencière : « J'aime l'idée que, par nos carrières, on incite les gens à essayer ce mode de vie là », dit-elle fièrement. Elle admet néanmoins que, pour elle, adopter une saine alimentation n'a pas été difficile, c'était inné. Elle a toujours été attirée par ce type de nourriture. Au sein de son clan, Julie se sent aussi plus forte : « Seule, on peut avancer, mais à plusieurs on va encore plus loin, dit-elle. J'aime l'idée que j'ai aidé mes enfants à optimiser leur santé par mes choix de vie. »

Pour elle, un mode d'alimentation différent n'a jamais été un frein social. Depuis longtemps, elle a pris l'habitude de trainer des noix et des dattes dans son sac, et au restaurant, elle n'hésite pas à demander au serveur une assiette spéciale, composée des légumes que le chef a sous la main, le tout simplement sauté à l'huile d'olive. Il y a six ans, elle est partie sur le chemin de Compostelle, et là encore, elle n'a eu aucun problème à respecter son mode d'alimentation. Même si les repas servis incluaient toujours de la viande, elle a su se débrouiller.

Au sein de la famille élargie, par contre, elle reçoit encore quelques commentaires : « Ça fait 20 ans que je mange pas de viande, mais quand je vais chez ma mère, elle me demande toujours si je suis sure que je n'en veux pas un petit morceau. Mais cela ne m'énerve pas car j'assume mon choix. » Selon elle, on désamorce les jugements quand on est convaincue et on en devient convaincante.

Pour Audrey, il était évident que Sky serait végétalienne aussi : « Je ne mangerais pas comme ça si je pensais pas que c'était la meilleure manière de nourrir ma fille. Mais si elle est attirée par un aliment et qu'il n'y a pas d'équivalent végane, je ne vais pas lui interdire d'y gouter, même si au fond ça m'embête un peu. [...] Je ne veux pas créer de souvenirs négatifs autour de la nourriture ou créer d'angoisse et qu'elle puisse plus tard développer un rapport compliqué avec l'alimentation », explique-t-elle. Du haut de ses trois ans, Sky comprend quand on lui dit qu'un aliment n'est pas végane, elle répond « ah » et passe son chemin. Parions que dans une vingtaine d'années, arrivera la quatrième génération du clan.

Julia Haurio est journaliste pour le magazine *Coup de pouce* et co-organisatrice du Festival végane de Montréal.

La famille Sckoropad-Marchand. Photo Same Ravenelle

La pomme ou le lapin ? Vers un enseignement de l'éthique animale

Dominic Hofbauer

Les enfants ne demandent qu'à être les alliés des animaux. Il faut entretenir leur curiosité et leur sensibilité avant que la société spéciste ne les éloigne de leur empathie spontanée.

Pour illustrer le caractère naturel d'une alimentation riche en fruits, le nutritionniste américain Harvey Diamond cite souvent cet exemple : « Donnez une pomme et un lapin à un enfant dans un berceau. S'il mange le lapin et joue avec la pomme, je vous achète une voiture neuve ! »

Les enfants expriment souvent, en effet, une empathie spontanée à l'égard des autres animaux. Assurément, ils reconnaissent chez eux une volonté individuelle, une curiosité et une inquiétude qui leur sont familières. Animaux proches ou lointains, expressifs, vulnérables, inventifs, curieux ou affectueux : les enfants se reconnaissent dans leur *subjectivité*.

Ici, là, partout des animaux !

Figurés, dessinés, humanisés, dans l'univers des enfants les autres animaux sont partout. De *Peppa Pig* au *Roi lion*, ils ne sont pas seulement les héros de tous leurs films et dessins animés préférés : ils sont aussi largement au service du marketing publicitaire. Au petit-déjeuner, des animaux leur parlent sur les paquets de céréales. À l'école, les animaux peuplent leurs premiers exercices de mathématique ou de lecture, pullulent dans les contes qui stimulent leur imaginaire. Des mammifères, poissons, et oiseaux décorent les portemanteaux où ils accrochent leur anorak ; les bonnets dans les cours d'école évoquent d'étranges oreilles animales ; des chevaux, des loups ou des dauphins bondissent sur leurs trousses ou galopent sur leurs cartables. De retour à la maison, des poissons leur font des clins d'œil sur les paquets de cabillauds, une vache ou une chèvre leur sourit sur les emballages de fromage. D'autres animaux encore évoluent dans les papiers peints de la chambre où ils s'endorment enfin, imaginant d'effrayants crocodiles en embuscade sous leur lit ou serrant dans leurs bras un compagnon en peluche qui les rassure.

Bien souvent, loin des stéréotypes véhiculés par les contes, le marketing et les représentations transmises par les adultes qu'ils côtoient, les enfants cohabitent avec des animaux réels, qui font partie de la famille et sont parfois leurs plus proches confidents. Pour la psychologue Gail Melson, « les enfants sont aux prises avec un mélange compliqué, souvent contradictoire, de codes sociaux gouvernant notre traitement des animaux. Il y a des animaux considérés comme des membres de la famille, d'autres sont écrasés comme des nuisibles, d'autres sont sauvés de l'extinction tandis que d'autres encore sont hachés pour faire des hamburgers. Le résultat en est que les enfants reflètent souvent le malaise de la société à l'égard des différentes utilisations qui sont faites des animaux et qui sont culturellement validées[1]. »

C'est peu de le dire : le conditionnement social et parental creuse un gouffre qui nous empêche très tôt – dans nos vies d'enfants – de faire un lien entre notre empathie spontanée pour les autres animaux et ce que les habitudes alimentaires que nous acquérons par mimétisme, en grandissant, leur coûtent véritablement.

Programmes scolaires : loup y es-tu ?

À l'école, force est de constater que les autres animaux en tant que tels sont largement absents des programmes de l'enseignement. Certes, le monde animal figure à bon escient dans les chapitres des manuels de science consacrés à l'évolution et à la classification des animaux en règnes, ordres, classes et espèces. De même, les espèces animales sont mentionnées dans les manuels de science comme partie intégrante de la biodiversité et des politiques de conservation.

Mais les animaux non humains demeurent évoqués sous l'angle de l'espèce, jamais pour eux-mêmes. Les connaissances acquises dans le domaine de l'éthologie sur les capacités cognitives, les émotions ou la pensée sans langage ne semblent pas, non plus, trouver la porte d'entrée des manuels de biologie qui demeurent mécanistes, centrés

Les enfants expriment souvent, en effet, une empathie spontanée à l'égard des autres animaux. Assurément, ils reconnaissent chez eux une volonté individuelle, une curiosité et une inquiétude qui leur sont familières.

sur la physiologie et véhiculant des conceptions naturalistes globalisantes, fixistes, scientifiquement dépassées et sans pertinence éthique en matière de droits ou de justice. « Au-delà du grand méchant loup et du petit lapin, l'animal reste tragiquement absent des classes du primaire, remarque la psychologue Dominique Droz. Rien n'est fait pour assurer la transition entre l'imaginaire enfantin, dans lequel il est très présent, et le respect de l'animal réel avec son altérité et son identité[2]. »

Refuge SAFA. Photo Katya Konioukhova

Refuge RR. Photo Katya Konioukhova

Alimentant la confusion classique entre espèce et individu, cette tendance qui règne sur toute la scolarité culmine dans les cours de philosophie : on y aborde la question animale dans une approche historique – c'est-à-dire par le biais de ce qu'en ont dit les grands auteurs – plutôt que par les travaux les plus récents en philosophie ou même en science. Car un certain nombre de questions abordées en philosophie relèvent aujourd'hui des sciences : la conscience, la pensée, le langage, la mémoire… Il en résulte que les problèmes sont posés en termes binaires périmés (inné/acquis, nature/culture, intelligence/instinct…), que sont présentées comme valables (parce que défendues par de grands philosophes) des théories que nous savons aujourd'hui erronées, et qu'on invite les élèves à se faire une opinion personnelle sur des questions depuis longtemps résolues.

Une expérience pionnière en Belgique

Il en va tout autrement en Belgique, où l'association GAIA compte parmi les ONG de défense des droits des animaux les plus influentes. Elle développe depuis 2010 un département d'éducation, qui conçoit et diffuse des ressources autour de la question animale pour l'enseignement. L'association emploie deux animateurs à temps plein dont l'agenda ne se désemplit pas d'octobre à juin. GAIA Éducation anime ainsi des ateliers de réflexion autour de la condition animale auprès de 15 000 élèves par an, dans les écoles primaires et secondaires du pays.

L'offre pédagogique de GAIA dans les écoles s'arc-boute sur les programmes de l'enseignement officiel, et notamment le programme des cours de morale et de citoyenneté. En invitant à « comprendre et protéger la vie » et à « épargner la souffrance aux animaux », le programme ouvre de vastes perspectives pour s'interroger sur le statut moral et légal des autres animaux. En outre, le programme pour le secondaire nous questionne directement : « Les animaux ont-ils des droits ? »

Les animations que développe GAIA à l'école s'appuient sur une approche scientifique documentée (éthologie, biologie, législation), et sont menées en collaboration étroite avec les équipes enseignantes. Du primaire au secondaire, à travers différents thèmes adaptés à l'âge des élèves, ces ateliers cherchent à accompagner chaque enfant dans sa capacité à encourager, par ses choix quotidiens, une relation aux autres animaux empreinte de respect et de responsabilité. Ils ont en commun de travailler sur l'enthousiasme, l'action positive, de ne pas livrer un message formaté, mais plutôt d'engager la réflexion par une approche ludique, interactive, avec des jeux, des débats.

Au primaire, il y a chez les élèves une proximité spontanée avec les autres animaux, qui ne demande qu'à s'exprimer et à prendre forme. Par exemple, l'individualité et la sensibilité des animaux de compagnie – dont les enfants sont souvent proches – constituent une bonne porte d'entrée pour s'interroger sur le sort d'animaux dont ils connaissent beaucoup moins les conditions d'existence : en élevage, en captivité, en laboratoire... Chez les adolescents, la formule vidéo + débat fonctionne bien, et permet des échanges poussés sur des réalités qu'ils connaissent souvent assez peu. Une place importante est accordée à l'expression des élèves et à leur propre expérience. Pour l'association, il s'agit alors d'accompagner le questionnement éthique sans être prescriptif de valeurs ou de comportements.

Afin de proposer aux élèves des pistes raisonnables et réalistes pour intégrer ces préoccupations dans leur quotidien, GAIA développe aussi un site internet – www.gaiakids.be –, plateforme de ressources sur le bien-être animal destinée au jeune public. Dans la rubrique « Profs et parents », une mallette pédagogique rassemble des outils sur l'éthique animale pour les enseignants. Enfin, certaines écoles s'engagent parfois dans des projets en partenariat avec l'association : réalisation et diffusion d'affiches pour lutter contre les abandons d'animaux, construction d'abris et adoption à l'école de poules sauvées de l'abattoir, collecte de nourriture pour les animaux en attente d'adoption dans les refuges locaux.

Par extension, l'expérience que fait l'élève de la condition animale favorise chez le futur citoyen le sens des responsabilités et de la coopération, le rejet de la violence et des discriminations arbitraires entre humains.

C'est là, sans doute, la dimension la plus importante de cette démarche : prendre la sensibilité des enfants au sérieux, leur témoigner que l'attention qu'ils portent eux-mêmes aux autres animaux n'a rien d'infantile, et que ce n'est pas quelque chose qu'ils vont devoir abandonner en grandissant. En définitive, l'intérêt premier d'une animation réside peut-être dans le simple fait qu'elle ait lieu, et vienne renforcer chez l'enfant une sensibilité qui, en réalité, existe déjà.

1 Gail Melson, *Les animaux dans la vie des enfants* (Payot, 2009).

2 Dominique Droz, *La question animale dans l'enseignement*, 2016, Cité des sciences, Cycle « Révolutions animales », (vidéo).

Pour un enseignement de l'éthique animale

Les animaux ont-ils des droits ? Ont-ils un statut moral ? Notre responsabilité vis-à-vis d'autrui s'arrête-t-elle aux frontières de notre propre espèce ? Jusqu'où tenir compte de tous les individus capables de souffrir ?

Face à ces questions d'une grande actualité, la reconnaissance des autres animaux comme des *êtres sensibles* dans le code rural depuis 1976 en France, dans le droit européen depuis 1992 et depuis le 28 janvier 2015 dans le Code civil français pourrait constituer un socle solide et légitime sur lequel bâtir une démarche pédagogique concertée, fondée sur l'éthique, sur la science et sur l'état de la législation. Il est par ailleurs établi que, dans un contexte éducatif, le thème de l'animal est un support pédagogique permettant de développer la sensibilité de l'élève, et de le conduire par l'observation au respect de l'autre, de celui qui est différent. Par extension, l'expérience que fait l'élève de la condition animale favorise chez le futur citoyen le sens des responsabilités et de la coopération, le rejet de la violence et des discriminations arbitraires entre humains.

Car si on leur posait la question, beaucoup d'enfants trouveraient que les autres animaux ont une place dans le monde avec nous. Que loin de nous donner des privilèges, notre ascendant sur eux nous confère plutôt une responsabilité : celle de veiller sur chacun avec respect et bienveillance. Avec leur curiosité insatiable, leur capacité renouvelée à s'ouvrir aux autres et à s'émerveiller, le cœur des enfants recèle peut-être un puissant moteur d'empathie, capable de nous inspirer vers un monde plus humain et plus juste.

On parie ?

Dominic Hofbauer est éducateur chez GAIA (Global Action in the Interest of Animals).

Photo Bianca Des Jardins

La diète végétalienne, accessible à tous? Entrevue avec Vesanto Melina

Thao Bui

Vesanto Melina est nutritionniste depuis 51 ans et végétalienne depuis 24 ans. Elle a enseigné la nutrition à l'Université de Colombie-Britannique à Vancouver et à l'Université Basty à Seattle. Elle a corédigé la Position officielle de l'Association américaine des diététistes et des diététistes du Canada sur l'alimentation végétarienne. Elle est aussi coauteure avec Brenda Davis de 14 livres traduits dans 9 langues – dont *Devenir végétarien* (Les Éditions de l'Homme, 1998).

Thao Bui: Comment s'est fait votre transition vers le véganisme et à quel âge?

Vesanto Melina: J'ai commencé à explorer la cuisine végétarienne avec des amis en 1978, juste par curiosité. J'y ai pris gout et suis devenue végétarienne progressivement à cette époque. Lorsque j'ai débuté la rédaction de mon premier livre, *Becoming Vegetarian*, j'ai appris davantage sur l'éthique animale, ce qui m'a poussée à entamer ma transition vers le véganisme. Je suis devenue végane durant la rédaction de ce livre, en 1993.

TB: Dans votre pratique, est-ce que vous rencontrez beaucoup de personnes de 65 ans et plus ayant adopté le végétalisme? A-t-on une idée du pourcentage qu'ils représentent parmi les végétaliens?

VM: Dans les années 1970, il y a eu la parution du livre *Diet for a Small Planet* qui traite des impacts écologiques de notre alimentation. Il a eu un grand succès et a incité plusieurs personnes à devenir végétariennes. Beaucoup le sont demeurés, d'autres ont fait la transition vers le véganisme. Le véganisme gagnant en popularité ces dernières années, j'ai également rencontré certaines personnes qui ont fait la transition plus tard dans leur vie, influencées par leurs enfants et petits-enfants. Par contre, je ne pourrais pas mettre un chiffre sur le pourcentage qu'ils représentent parmi les véganes.

TB: Est-ce que tout le monde peut adopter une alimentation végétalienne?

VM: À moins de souffrir d'une condition médicale particulière, tout le monde peut devenir végétalien. Évidemment, il faut tenir compte des particularités de chaque groupe d'âge. Par exemple, chez les enfants on va faire attention à leur offrir des aliments assez caloriques afin d'assurer une bonne croissance et chez les personnes plus âgées, il faut tenir compte du fait que leur absorption est moins efficace pour certains nutriments.

TB: Le végétalisme peut-il nous aider à vivre plus longtemps et dans de meilleures conditions?

VM: Une alimentation végétalienne offre plusieurs facteurs de protection contre différentes maladies: elle est pauvre en gras saturés et en protéines animales, deux composants directement liés à l'augmentation de la mortalité. De plus, elle est riche en gras mono-insaturés et polyinsaturés, en fibres, en phytostérols et en antioxydants, autant d'éléments connus pour leurs effets bénéfiques sur la santé.

TB: Est-ce qu'une transition vers le végétalisme peut prévenir le développement de certaines maladies?

VM: Oui, sans conteste. On peut d'ailleurs mentionner les résultats des deux plus grandes études qui comparent différents types d'alimentation et leurs effets sur la santé: *Adventist Health Study-2 et L'Epic-Oxford*.

En résumé, une consommation élevée de protéines animales est directement corrélée à une augmentation de la mortalité.

TB: Pensez-vous que le véganisme prend de l'ampleur au fil des années? Comment est-ce que cela influencera le travail des nutritionnistes?

VM: Il est évident que le véganisme devient de plus en plus populaire. Lorsque je donne des conférences sur l'alimentation végétalienne, la salle déborde et les gens sont de plus en plus informés. On m'a déjà posé des questions sur la vitamine B12 pendant 45 minutes! On sait que le végétalisme est une alimentation adaptée pour tous. Par contre, il est important que les gens soient bien encadrés pour éviter les cas de carences graves comme on a pu l'observer l'an dernier, en Italie, avec le cas d'un enfant végétalien retiré à ses parents sous prétexte qu'il n'était pas nourri adéquatement. Les situations comme celle-là mettent le blâme sur l'alimentation végétalienne alors que peut-être des parents mieux informés auraient pu éviter tout cela. Le rôle des nutritionnistes est d'encadrer les gens et de leur fournir les outils nécessaires pour assurer une alimentation végétalienne équilibrée.

Thao Bui est nutritionniste à l'hôpital Sainte-Justine de Montréal et en consultation privée. Elle tient le blogue *La végé d'à côté* qui traite de nutrition et de cuisine végétalienne.

La nouvelle position officielle de l'Association américaine de diététique (2016)

La position de l'Association américaine de diététique est que les régimes végétariens (y compris le végétalisme) menés de façon appropriée sont bons pour la santé, adéquats sur le plan nutritionnel et bénéfiques pour la prévention et le traitement de certaines maladies. Ces régimes sont appropriés à tous les âges de la vie, y compris pendant la grossesse, l'allaitement, la petite enfance, l'enfance et l'adolescence, ainsi que pour les sportifs. Les régimes à base de plantes sont plus durables sur le plan de l'environnement que les régimes riches en produits animaux, car ils utilisent moins de ressources naturelles et sont associés à des dommages environnementaux beaucoup moins importants.

Comparaison entre les végétaliens et les omnivores

	Epic-Oxford	Adventist Health Study-2
Maladies cardiovasculaires	↓ 32 %	↓ 42 %
Hypertension artérielle	↓ 36 % femmes ↓ 61 % hommes	↓ 75 %
Diabète de type 2	—	↓ 62 %
Cancers	↓ 19 %	↓ 16 %
Cataractes	↓ 75 %	—
Diverticulites	↓ 72 %	—
Mortalité	—	↓ 15 %

Les conseils de Vesanto Melina pour les 65 ans et plus

Chez les 65 ans et plus choisissant d'adopter une diète végétalienne, des mesures s'appliquent pour certains nutriments afin de répondre à leurs besoins spécifiques :

Protéines Les besoins pourraient être légèrement supérieurs (1 à 1,1 g/kg vs 0,9 g/kg).

Calcium Les besoins augmentent (1 200 mg vs 1 000 mg).

Vitamine D Les besoins augmentent (800 UI vs 600 UI). Ces besoins pourraient être supérieurs, dans la mesure où les personnes de plus de 70 ans ne synthétisent plus aussi bien la vitamine D en ce qui concerne la peau. Elles devraient donc prendre des suppléments, même durant l'été.

Vitamine B12 Les besoins sont les mêmes que chez les adultes plus jeunes. Par contre, l'absorption de la vitamine B12 dans les aliments est moins bonne chez les personnes âgées. La prise de suppléments est donc fortement recommandée. En raison de cette absorption diminuée, il faut privilégier un supplément quotidien (de 500 à 1 000 mcg) aux suppléments hebdomadaires.

Vitamine B6 Les besoins augmentent (1,7 mg pour les hommes et 1,5 mg pour les femmes vs 1,3 mg). Pas de suppléments nécessaires, mais il faut porter une attention particulière à son alimentation (4 portions de fruits/jour ou d'autres aliments riches en vitamine B6).

Photo Same Ravenelle

Le fabuleux destin de Seba Johnson

Julia Haurio

Végane de naissance et élevée par une mère bohème la baladant aux quatre coins du globe, Seba Johnson a marqué l'histoire en devenant la plus jeune athlète olympique en ski alpin à 14 ans. Rencontre avec une femme de cœur.

J'étais très emballée à l'idée de rencontrer Seba Johnson. Il m'arrive souvent de l'évoquer auprès de personnes qui doutent de la fiabilité d'un régime végétalien pour maintenir une bonne santé. Cette Américaine de 43 ans, n'ayant jamais consommé de produits animaux et ayant mené une carrière sportive de haut niveau, est pour moi la preuve que c'est possible.

Seba est au Québec à l'occasion du Festival végane local. Elle y présente une conférence dans laquelle elle évoque son parcours de végane de naissance et d'activiste pour les droits des animaux. Participer à ce genre d'évènements fait partie de ses activités, mais elle est aussi assistante-professeure auprès de jeunes enfants à Los Angeles où elle vit avec ses deux chiens.

J'ai envie de lui dire que moi aussi j'aurais aimé être végane toute ma vie, mais Seba ne m'en laisse pas le temps: « Les gens pensent que je suis chanceuse d'être née végane. C'est vrai, mais ils ne réalisent pas toujours que savoir toute sa vie ce que les animaux subissent, c'est aussi très dur. Souvenez-vous de votre première année comme végane! À quel point vous étiez révolté... »

En fait, la petite Seba pensait que lorsqu'elle serait grande, le monde entier serait végane. « J'étais très excitée à cette idée, précise-t-elle. Mais aujourd'hui, je ne peux être que malheureuse de voir que les restaurants servent encore de la chair animale. » Bien sur, il y a eu une évolution depuis les années 1970. Enfant, Seba mangeait ses céréales avec du jus de pomme, faute de mieux. Aujourd'hui, l'offre en matière d'alternatives végétales est grandissante. Mais cette progression n'est pas assez rapide à ses yeux.

Malgré tout, elle ne se laisse pas abattre et continue de militer pour les droits des animaux tout en diffusant son message, que ce soit dans des *vegfests* ou auprès des enfants qu'elle côtoie au quotidien.

Une famille différente

Pour un enfant, ce n'est pas toujours facile de se sentir différent. Ne pas manger comme les autres, devoir sans cesse se justifier... Cela peut représenter un poids lorsqu'on est petit. Mais pour Seba, le fait d'être végane n'était qu'une composante parmi d'autres de la marginalité de sa famille. Sa mère, femme blanche aux cheveux blonds qui voyageait avec ses deux filles – une Latino-Américaine et une Afro-Américaine: cela ne passait pas inaperçu.

Et la mère de Seba n'avait pas non plus la langue dans sa poche: elle n'hésitait pas à renvoyer une

assiette en cuisine dans les restaurants, si elle pensait qu'il y avait du beurre ou que des aliments avaient touché de la viande. Les gens la trouvaient difficile, mais cela n'affectait pas ses filles.

Au sein de la famille élargie, les choses n'allaient pas non plus de soi. « Ma grand-mère pensait que ma mère était folle. Elle voulait me faire manger de la viande », raconte Seba. Mais sa mère tenait bon et défendait son choix avec vigueur. Au bout d'un moment, elles et ses filles n'ont tout simplement plus été invitées.

À l'école, les camarades de Seba avaient parfois une mine dégoutée à la vue de son sandwich artichaut-moutarde, mais c'était la même chose pour elle vis-à-vis de leur assiette. Par contre, quand ses amis venaient dormir chez elle, ils étaient épatés de découvrir de nouveaux aliments comme une grenade par exemple. « Certains m'en parlent encore aujourd'hui », s'amuse-t-elle. Seba n'a jamais remis en question le choix de sa mère. Bien sur, comme toute adolescente, elle s'est rebellée en organisant des fêtes chez elle et en buvant de l'alcool, mais jamais contre le véganisme. « Ça ne m'est juste jamais venu à l'esprit », explique-t-elle.

Je pense que c'est de ne rien dire aux enfants qui est une forme d'abus, c'est le fait de leur laisser croire que c'est légitime de manger les animaux.

Au cours de sa carrière olympique, Seba a plus souffert de racisme que d'autre chose. On l'accommodait sans problème avec sa diète spéciale, en revanche être une jeune fille noire dans le milieu du ski alpin lui a valu de nombreux messages haineux. C'est même cela qui a finalement eu raison de son amour du sport et de la compétition.

Conseils aux parents véganes

Comme maman, je me demande souvent quel regard porteront mes enfants sur le fait d'avoir grandi dans une maison végane. Avoir Seba devant moi est une trop belle occasion d'entendre le son de cloche d'une adulte qui est passée par là. « Il n'y a pas si longtemps, les gens disaient que le fait que ma mère nous dise ce qui arrivait vraiment aux animaux était une forme d'abus. Mais je pense que c'est de ne rien dire aux enfants qui est une forme d'abus, c'est le fait de leur laisser croire que c'est légitime de manger les animaux. Il est très important de leur dire la vérité dès le plus jeune âge. Il faut leur expliquer pourquoi on est végane ».

Seba est profondément reconnaissante envers sa mère de lui avoir dit d'où venait la viande. Pour elle, ne pas manger les animaux, cela coulait de source. Dès son plus jeune âge, on lui a enseigné la compassion. À 8 ans, elle accompagnait sa mère à des vigiles devant des zoos ou des cirques. « Je ne pouvais m'imaginer manger la chair de quelqu'un d'autre. J'ai grandi avec l'idée que je ne voulais pas participer à cette barbarie ».

Aujourd'hui, Seba juge aussi important de rappeler que le fondement du véganisme reste la compassion. Et elle est convaincue que si on est bienveillant envers les animaux, on ne peut que l'être aussi envers les autres humains. « J'ai rencontré des véganes racistes ou sexistes. Ça ne fait pas de sens selon moi, dit-elle. Si on est contre l'oppression des animaux, on doit se souvenir que nous sommes aussi des animaux. Le véganisme n'est pas une affaire de Blancs ! »

Depuis quelque temps, Seba projette d'écrire ses mémoires. Son histoire hors du commun mérite sans aucun doute d'être couchée sur papier. De quoi inspirer les futures générations.

Depuis septembre 2016, les skis de Seba, ayant marqué l'histoire olympique, sont exposés au Smithsonian National Museum of African American History and Culture à Washington, D.C., un musée qui rend hommage à l'histoire et à la culture des Afro-Américains.

Julia Haurio est journaliste pour le magazine *Coup de pouce* et co-organisatrice du Festival végane de Montréal.

Photo Bianca Des Jardins

Sauver la planète un utérus à la fois

Magenta Baribeau

Je n'ai pas d'enfants. Je n'en ai jamais voulu. Et après 38 ans sur cette planète, mes convictions demeurent toujours intactes. Je n'ai ni ressenti l'appel de l'utérus ni entendu le tic-tac de la soi-disant horloge biologique et je vais très bien. Je le précise parce que j'en ai lu de toutes les couleurs.

À chaque fois qu'on me demande pourquoi je ne veux pas avoir d'enfants, je sens monter en moi deux désirs conflictuels. D'une part, je voudrais énoncer toutes mes raisons afin que l'autre arrive à comprendre sans juger, mais une autre partie de moi se révolte à l'idée de devoir me justifier et de voir toutes mes raisons décortiquées, analysées et réfutées par mon interlocuteur(trice) qui sait mieux que moi et surtout qui refuse un réel dialogue et échange d'idées. On parle ici de faits vécus. Souvent. Presque à chaque fois où le sujet est abordé. Pourquoi devrais-je répondre à cette question ? Personne ne demande aux futurs parents pourquoi ils veulent se reproduire. « Ça tombe sous l'évidence », dira-t-on, et pourtant non. Il n'y a pas d'évidence à vouloir se reproduire. On peut certainement argumenter que l'être humain n'obéit pas à tous ses impératifs biologiques. La grande majorité d'entre nous avons appris à faire nos besoins loin des regards, à copuler en privé, à ne pas nous entretuer. Au lieu de parler du besoin reproducteur, je préfère m'attarder au désir (ou dans mon cas, au non-désir) d'enfant.

Certaines personnes rêvent d'avoir des enfants, d'autres non. Et c'est très bien comme ça. Fin de l'article.

Ça devrait être aussi simple que ça, non ? Et pourtant ces petits mots : « Je ne veux pas avoir d'enfants » choquent encore et toujours. En plus d'être traité(e)s d'égoïstes, d'hédonistes ou d'éternel(le)s adolescent(e)s qui passons à côté de l'essentiel de la vie, nous finissons inévitablement par entendre : « Tu vas changer d'idée », « Tu vas voir, un jour tu vas rencontrer le bon. » Mais bon, la deuxième citation hétéronormative, on ne la sert qu'aux femmes parce qu'on a toutes besoin d'un homme pour prendre cette décision, n'est-ce pas ?

C'est un « tu vas changer d'idée » de trop qui m'a décidée à faire un documentaire sur la question (*Maman ? Non merci !*, sorti en 2015). Dans ce film, je laisse la parole à des non-parents québécois, français et belges, des femmes, mais aussi des hommes, des militant(e)s et des non-militant(e)s, des gens qui ont choisi de ne pas se reproduire pour des raisons politiques, écologiques ou personnelles. Bref j'ai décidé de démystifier une bonne fois pour toutes qui sont ces énergumènes qui ne veulent pas d'enfants. Et je vous donne tout de suite le *scoop* : ce sont des gens comme vous et moi. Certains sont véganes, d'autres font de l'escalade, certains conduisent des voitures, d'autres sont des cyclistes et tous ont longuement réfléchi à leur avenir et à l'utilisation (ou non) de leur utérus.

Illustration Maxime Francout

De plus en plus, le non-désir d'enfant fait son petit bonhomme de chemin vers l'acceptation. Les gens semblent davantage en avoir entendu parler en 2016 que lorsque j'ai commencé à travailler sur *Maman ? Non merci !* en 2009. J'ai bon espoir qu'à force de lire des articles, des livres, des bédés ou de voir des films comme le mien dans des festivals et à la télé, les gens finiront par considérer ce choix comme étant légitime et qu'on cessera de nous passer à tabac.

Par contre, lorsque nous évoquons des raisons écologiques de ne pas nous reproduire, alors là, les chroniqueur(euse)s et l'internet au grand complet se déchainent. De la même manière qu'une personne végétalienne disant qu'elle n'aime pas le gout de la viande sera moins critiquée qu'une végane citant des raisons éthiques et environnementales comme moteur de ses choix alimentaires, notre non-intérêt envers la maternité peut passer tant qu'il n'est pas politique. C'est qu'au lieu de revendiquer un droit personnel de ne pas *vouloir* d'enfants, les gens qui font ce choix pour des raisons environnementales souhaitent enclencher un changement social. Un mouvement, c'est nettement plus déstabilisant qu'une personne seule énonçant un non-désir individualiste. La comparaison entre le véganisme et le non-désir d'enfant peut donc se faire. Si la viande requiert un plus grand apport en eau dans sa production et pollue beaucoup plus que la culture maraichère, alors avoir des enfants a un impact environnemental beaucoup plus grand que de ne pas en avoir. Mais ça, chut ! Il ne faut pas le dire sinon on passe pour un(e) illuminé(e), on exagère, et voyons donc, on ne peut pas avoir de telles réflexions au sujet des bébés qui sont *tellement mignons* et surtout intouchables !

En 2011, *L'Express* titrait : « Des féministes vont jusqu'à calculer le bilan carbone des bébés... et à renoncer à la maternité. Décryptage d'une nouvelle lubie américaine. » « Lubie », « aller jusqu'à... », que de mots lourds de sens. Malheureusement, peu a changé sur ce front et en 2015, le polémiste Mathieu Bock-Côté écrivait dans un article : « [U]ne écologiste manifestement fervente nous expliquait que si elle avait un enfant, elle gâcherait ses efforts pour sauver la planète. Cela nous rappelle une chose : il y a chez les écolos une frange sectaire, fanatique, qui fondamentalement, n'aime pas l'être humain. »

Comme quoi cette philosophie dérange et fait réagir. Et pourtant, elle se base sur des faits et tire des conclusions tout à fait intéressantes. Les GINKs (Green Inclinations, No Kids ou « plus verts, sans enfants ») et le moins connu *Mouvement pour l'extinction volontaire de l'humanité* offrent des arguments environnementaux étoffés qui méritent d'être partagés. Je n'en citerai que deux. Une étude de 2012 de l'Université de l'Oregon souligne que chaque bébé américain est responsable de l'émission de 1 644 tonnes de CO^2 et une autre de 2009 montre que la venue d'un poupon multiplierait par 20 l'empreinte carbone de ses géniteurs. Si l'on devient végane pour sauver la planète (en coupant de moitié l'empreinte écologique de son alimentation, passant de 3,3 tonnes de CO^2 – pour un grand amateur de viande – à 1,5 tonne de CO^2 pour les véganes), ne devrait-on pas également appliquer cette logique au nombre d'enfants qu'on souhaite avoir ?

Personne ne demande aux futurs parents pourquoi ils veulent se reproduire. « Ça tombe sous l'évidence », dira-t-on, et pourtant non.

En effet, si certaines personnes ne sont pas décidées à couper tous les produits animaux de leur alimentation et préfèrent tout simplement limiter leur consommation de viande, pourquoi ne pas faire la même chose avec sa reproduction et avoir seulement un enfant au lieu de trois ? Pourquoi ne pas contempler l'adoption ou faire des démarches pour devenir famille d'accueil ?

Et surtout pourquoi ne pas réfléchir au sujet du natalisme, cette doctrine démographique qui règne en maitre et qui pousse les États à instaurer de nombreuses mesures pour favoriser l'accroissement de la population en stimulant la natalité ? Le natalisme va pourtant plus loin. On le retrouve dans le discours social ambiant qui est répété *ad nauseam* par la famille, les amis, les téléséries, et qui allègue que la plus belle et importante chose qu'une femme peut faire est de se reproduire. Ce qui est non seulement extrêmement réducteur, mais préjudiciable à l'estime personnelle des femmes, puisque ça ne fait que renforcer l'idée qu'elles ne sont que des utérus sur pattes dont l'unique rôle se résumerait à porter et élever des enfants.

En 2017, donnons-nous comme objectif d'ouvrir nos yeux, d'élargir nos horizons et d'accepter des critiques du système dominant. Peut-être y trouverons-nous notre compte.

Magenta Baribeau est cinéaste et blogueuse. Elle a réalisé le documentaire *Maman ? Non merci !* en 2015 (mamannonmerci.com).

Marie (à gauche) est végane depuis 2014. Olivia (à droite) est végane depuis 2010. Florian, depuis sa naissance. Les vêtements sont véganes. Marie : Tunique Zara (viscose et polyester). Olivia : Chandail Twik (viscose et nylon)
Stylisme Marie-Ève Venne **Photo** Same Ravenelle

Kim Van Nguyen Thi, végane depuis 2010. Les vêtements sont véganes. À gauche, Kim porte une robe Calvin Klein. À droite, veste Twik, blouse Vero Moda et shorts Icone. Stylisme Marie-Ève Venne **Photo** Same Ravenelle

De la grossesse aux premiers pas

Ophélie Véron

Est-ce une bonne idées d'être enceinte, puis d'élever de jeunes enfants en mode végane ? Réponse par Ophélie Véron, l'autrice de *Bébé veggie*.

« Mais tu vas imposer le véganisme à ton enfant ? » Si vous êtes parent végane, il y a de fortes chances que vous ayez déjà entendu cette question avant même que votre enfant ne voie le jour. Elle a parfois été suivie de : « Tu fais ce que tu veux avec ta vie, mais comment oses-tu faire subir cela à un.e enfant ? », voire « Tu te rends compte que tu assassines ton bébé ? ». Si, pire encore, vous êtes végétalienne et enceinte, alors banco, vous avez certainement dû déjà subir les foudres d'une bonne partie de votre entourage, professionnels de santé compris. Non seulement vous privez votre fœtus des joies des flaveurs carnées et du sacrosaint liquide amniotique au camembert, mais en plus, vous le condamnez d'avance à naitre rabougri et rachitique, petit Gollum en puissance destiné à ne pas survivre à sa première otite. Et, chaque fois que vous sortez de la maison, même votre concierge semble avoir passé un diplôme en protéines ès sciences, option fer et calcium chez les marmots.

Car, en dépit de toutes ses avancées au sein de notre société, le véganisme garde souvent mauvaise presse quand on touche à deux sujets : les enfants et la santé. Si le Québec peut paraitre relativement progressiste sur le sujet, on ne peut guère en dire autant de la France, où les thèmes de la grossesse et de l'enfance en mode végé restent très délicats, pour ne pas dire extrêmement controversés. Le Programme national nutrition santé (PNNS) met en garde contre les « graves carences » du végétalisme et dénonce le danger qu'encourraient les enfants et adolescent.e.s exposé.e.s à une telle alimentation. Même son de cloche du côté de nombreux professionnels de santé de l'Hexagone, à commencer par le Dr Jean-Michel Cohen, qui n'hésite pas à déclarer à la télévision que les enfants végétaliens sont « petits et bêtes ». Le professeur Patrick Tounian, pédiatre-nutritionniste, lui parle du végétalisme comme d'une « déviance alimentaire » encouragée par des « gourous », allant jusqu'à la « maltraitance nutritionnelle » quand elle concerne les enfants et les adolescents.[1] La France ne fait d'ailleurs pas exception parmi les pays latins, puisque, il y a quelques mois seulement, les médias italiens s'enflammaient autour du projet d'une députée italienne visant à sanctionner les parents qui font le choix du végétalisme en famille. Alors, enfance et véganisme, une antithèse criminelle ?

Une alimentation viable chez l'enfant et la femme enceinte

Pourtant, les voix qui appellent à condamner le végétalisme chez les enfants ne font pas l'unanimité. Il semble même que, dans de nombreux pays, il y ait consensus inverse parmi les institutions scientifiques et les spécialistes de la nutrition. C'est notamment le cas aux États-Unis avec la très sérieuse Académie de nutrition et diététique, qui regroupe plus de 100 000 professionnels de la santé. Même chose du côté de l'Académie américaine de pédiatrie et de la Société canadienne de pédiatrie. L'organisation de santé publique britannique NHS va dans le même sens : « Une alimentation végétarienne ou végétalienne variée et équilibrée fournit les nutriments appropriés lors de la grossesse » et « dès lors que les enfants reçoivent les nutriments qui leur sont nécessaires, ils peuvent être élevés de façon tout à fait saine avec une alimentation végétarienne ou végétalienne ».

Dans les faits, de nombreux enfants dans le monde ne mangent ni viande ni poisson, à commencer par l'Inde, où l'on compte près de 40 % de végétarien.ne.s de naissance. En Asie, les jeunes enfants consomment très peu de produits laitiers sans que cela n'entrave en rien leur croissance. Le soja, qui n'est pas recommandé en France avant l'âge de trois ans, y est présent dès les débuts de la diversification.

Ne pas consommer de chair animale permet également de protéger son enfant ou futur.e enfant de nombreuses substance nocives présentes dans l'alimentation carnée.

Un nombre croissant de véganes le sont depuis la naissance et sont aujourd'hui devenu.e.s des adultes en pleine santé, à commencer par l'ancienne skieuse Seba Johnson, le culturiste Torre Washington ou la basketteuse Milani Malik. Vous pouvez trouver une pléthore d'exemples d'enfants né.e.s véganes sur le site VeganHealth.org,[2] photos de nourrissons grassouillets et de bambins dynamiques à l'appui.

Des bienfaits de santé pour les fœtus

Ces exemples n'ont rien d'étonnant, quand on sait que de nombreuses études ont montré que les petit.e.s véganes avaient une croissance et un développement semblables à ceux des enfants omnivores du même âge. Du côté de la femme enceinte, il semblerait que suivre une alimentation végétalienne protège du risque de pré-éclampsie, une pression sanguine élevée qui peut mener à une naissance prématurée. En effet, selon une étude menée aux États-Unis, seul 0,1 % des femmes végétaliennes présentent un syndrome de pré-éclampsie, contre 5 à 10 % pour le reste de la population.[3]

Ne pas consommer de chair animale permet également de protéger son enfant ou futur.e enfant de nombreuses substance nocives présentes dans l'alimentation carnée. Par exemple, la chair de poisson est riche en métaux lourds. Du fait de leur position en haut de la chaine alimentaire, les poissons gras, en particulier le thon et le saumon, présentent des taux très élevés de mercure, ce qui explique pourquoi la consommation de poissons demeure la principale

Ophélie Véron par Same Ravenelle

cause de contamination au mercure chez l'humain. À titre de comparaison, les personnes consommant du poisson ont un taux dix fois plus élevé de mercure que les véganes ! Le problème, c'est qu'il est difficile pour le corps de rejeter ce mercure et que son accumulation dans l'organisme peut avoir des conséquences graves. Chez la femme enceinte ou allaitante, le mercure s'accumule dans le cerveau et les tissus du bébé, causant d'importants problèmes de développement cérébral.

Une meilleure santé et une plus longue espérance de vie

Faire le choix de ne pas consommer de produits animaux pendant sa grossesse ou de ne pas en donner au moment de la diversification alimentaire, c'est également offrir une protection face à de nombreux virus et bactéries particulièrement dangereux chez les personnes vulnérables, comme les jeunes enfants. L'élevage industriel est en effet un véritable incubateur de bactéries pathogènes : *Listeria monocytogenes*, salmonelles, bactéries du genre Campylobacter, *Escherichia coli*... Plus de 75 % des poulets en Europe souffriraient ainsi d'infections à Campylobacter, les bactéries responsables du plus grand nombre de cas de gastroentérites dans le monde. De nombreux scandales sanitaires dont les enfants sont les principales victimes sont fréquemment révélés. Ainsi, les intoxications au steak haché, aux œufs, aux produits laitiers ou encore au poisson, peuvent parfois être très graves et mener à la mort. En outre, l'utilisation massive d'antibiotiques sur les animaux que l'on mange entraine un risque de développer des bactéries résistantes et, à terme, de conduire à l'inefficacité de ces médicaments. Chez les personnes les plus fragiles, à savoir les bébés, les enfants et les personnes âgées, ce risque est extrêmement grave. Selon le directeur adjoint de l'Organisation mondiale de la santé (OMS), Keiji Fukuda, « d'ici 2050, on estime que ce genre d'infections tueront plus de gens que les cancers aujourd'hui. »[4]

Dans les faits, de nombreux enfants dans le monde ne mangent ni viande ni poisson, à commencer par l'Inde, où l'on compte près de 40 % de végétarien.ne.s de naissance.

On peut ajouter que le végétalisme permet de réduire le risque et la prévalence de plusieurs maladies, à commencer par l'obésité, souvent causés par une alimentation trop riche en protéines animales durant les premières années de vie.[5] À l'heure actuelle, on estime que 41 millions d'enfants dans le monde sont en surpoids ou obèses et un adulte sur dix est concerné. Le problème, c'est que l'obésité peut avoir des répercussions importantes sur la santé, parmi lesquelles le diabète, l'hypertension artérielle, les accidents cardiovasculaires, le vieillissement accéléré du cerveau, ainsi que certains cancers. On estime ainsi que l'obésité pourrait être responsable de 2,8 millions de décès par an dans le monde, soit la troisième cause de mortalité dans les pays riches. Le végétalisme permet également de réduire le nombre de maladies cardiovasculaires, de cas de diabète de type 2, ainsi que de cancers – la prévalence de ces derniers parmi les personnes végétariennes ou végétaliennes étant moindre que chez les omnivores. Ceci explique pourquoi l'alimentation végétalienne est associée à une meilleure santé et une plus longue espérance de vie : deux choses que l'on ne peut que souhaiter pour son enfant.

Ainsi, loin des clichés dont on la voit souvent entourée, l'alimentation végétalienne semble tout à fait appropriée durant la grossesse, l'allaitement et l'enfance. Au vu des résultats qu'apportent les très nombreuses études scientifiques réalisées sur le sujet, il apparait qu'une diète à base de végétaux offre d'importants avantages de santé à court et long termes, concernant la prévention comme le traitement des maladies. Ainsi, à condition de veiller à apporter tous les nutriments nécessaires à la croissance de vos enfants, vitamine B12 comprise, il semble que faire le choix du véganisme pour ses enfants n'est pas seulement possible, mais également souhaitable. C'est offrir à ceux-ci une meilleure et une plus longue espérance de vie. C'est aussi leur léguer une planète plus éthique, plus heureuse et plus verte.

Ophélie Véron est docteure en sciences sociales et créatrice du blogue *Antigone xxi*. Elle a publié *La pâtisserie crue* (La Plage, 2015) et *Bébé veggie* (La Plage, 2016).

1 Patrick Tounian, (2016) « Végétalisme chez l'enfant : une véritable maltraitance nutritionnelle », *Cholé-Doc*, 152 www.cerin.org/uploads/media/152-vegetalisme-enfant-maltraitance-nutritionnelle.pdf [consulté le 20 novembre 2016]. Notons ici aussi que le professeur Tounian est conseiller de la Fondation Nestlé France.

2 www.veganhealth.org/articles/realveganchildren.

3 J. P. Carter *et al.*, « Preeclampsia and reproductive performance in a community of vegans », *Southern Medical Journal*, vol. 80, n° 6, 1987, p. 692–697.

4 Ministère de l'Agriculture, Centre d'études et de prospective, « Les antibiorésistances en élevage : vers des solutions intégrées », *Analyse*, n° 82, 2015.

5 Voir : M. Fantino *et al.*, « Apports nutritionnels en France en 2005 chez les enfants non allaités âgés de moins de 36 mois », *Archives de pédiatrie*, vol. 15, n° 4, 2008, p. 446-455. H. Weker *et al.*, « Analysis of nutrition of children aged 13–36 months in Poland: a nation-wide study », *Medycyna Wieku Rozwojowego*, vol. 15, n° 3, 2011, p. 224-231. P. J. Weijs *et al.*, « High beverage sugar as well as high animal protein intake at infancy may increase overweight risk at 8 years: a prospective longitudinal pilot study », *Nutrition Journal*, vol. 10, n° 95. Bocquet A., Corbeau J.P. et Bocquet M. (2014) AFPA CO-02 – « Étude Nutri-bébé SFAE 2013/ comportements alimentaires avant l'âge de 3 ans », *Archives de pédiatrie*, 21(5): 334-334.

Illustration Maëva Tur

Décoloniser l'enfance

Axelle Playoust

La Domination adulte : L'oppression des mineurs **de Yves Bonnardel, Éditions Myriadis, 2015**

Pas le droit de voter, pas le droit de sortir, ni celui de boire ou de conduire. Exclusion du marché du travail, impossibilité d'avoir un compte en banque sans l'accord d'un.e « responsable ». Fréquentations surveillées, horaires à respecter... Tout le monde y passe. Qu'elle nous concerne encore aujourd'hui ou qu'elle ait peu à peu relâché son emprise, cette situation de non-droit est celle qui touche les mineur.e.s et n'est pas sans rappeler la mise sous tutelle des femmes, encore à l'œuvre en France il y a quelques décennies. Mais alors, les enfants constituent-ils un groupe social opprimé ?

Difficile de ne pas en être convaincu.e après la lecture de *La Domination adulte : L'oppression des mineurs*. Dans ce nouveau livre, qui connait un certain succès, le penseur et militant égalitariste Yves Bonnardel dévoile les ressorts d'une oppression naturalisée, invisible, d'une banalité sidérante. En rappelant que l'enfance ne va pas de soi, mais constitue au contraire un fait social historiquement situé, cet ouvrage rend possible une analyse politique des rapports de pouvoir entre catégories d'âge.

Au nom de « l'intérêt supérieur de l'enfant », le statut de mineur a pour effet de soustraire toute une partie de la population aux moyens sociaux de faire face aux abus et à l'arbitraire de l'ordre adulte. Privés d'autonomie sociale, sans possibilité d'exercer l'ensemble des droits fondamentaux dont jouit le reste de la population (indépendance financière, liberté de circulation, possibilité d'ester en justice...), les enfants sont ainsi livrés pieds et poings liés à une violence institutionnalisée. Yves Bonnardel ne se contente donc pas de condamner les abus, les dérives ou les excès de l'autorité adulte. Ce sont les institutions en elles-mêmes qui sont oppressives : la famille, l'école sont des systèmes qui *organisent* et *pérennisent* la violence à l'égard d'une catégorie entière d'individus (les plus jeunes).

On a tendance à l'oublier : les enfants sont pris dans un maillage serré de règles et d'obligations. Être mineur.e, c'est avant tout être contraint.e de façon permanente. À travers l'enfermement dans un système scolaire carcéral ou l'imposition d'un milieu familial que l'on n'a pas choisi, l'absence de contrôle sur sa propre existence est quasi totale. « C'est pour ton bien » se trouve alors être une formule bien pratique pour balayer d'un revers de la main le point de vue de celles et ceux qui sont pourtant les premier.ère.s concerné.e.s. Les enfants subissent ainsi une avalanche continue d'injonctions arbitraires, sans que leur avis sur la question ne soit considéré comme légitime. Comment ne pas qualifier d'exploitation cette situation où un groupe d'individus, sur la base d'un critère d'âge, se voit obligé de poursuivre des buts qui ne sont pas les siens ?

Il y a longtemps qu'une telle analyse n'avait pas été publiée sur le sujet, d'autant plus qu'Yves Bonnardel nous offre un panorama international des luttes passées et actuelles de jeunes, dont les revendications sont trop souvent tombées dans l'oubli ou ignorées des médias. Aucun doute : c'est là un ouvrage important, éminemment politique, révolutionnaire et bouleversant. Car au fil de la lecture apparaissent peu à peu les contours engageants d'une société qui se refuserait aux contraintes arbitraires. Les enjeux sont immenses : il s'agit de révéler une des oppressions les plus cachées qui soit, de lutter contre une injustice qui affecte les individus dès les premières années de leur vie, de permettre le déploiement du potentiel d'autodétermination de chacun et de chacune. En fin de compte, si, comme le dit Christine Baker, « on occupe les enfants comme on occupe un pays », *La Domination adulte* nous rappelle qu'il serait peut-être temps de décoloniser l'enfance.

Axelle Playoust est militante et étudiante en sociologie et études féministes à l'Université du Québec à Montréal.

Photo Maud Chalard

10 lectures véganes pour enfants
Sophie Cottarel

Les livres représentent une fenêtre sur le monde pour les enfants. Que l'on soit végane ou non, en tant que parent, nous avons à cœur de présenter à nos enfants, à travers les livres que nous leur lisons, une image du monde tel qu'il est, mais aussi tel que nous voudrions qu'il devienne.

Sans tomber dans un contrôle excessif, nous avons tous et toutes le souci de sélectionner les livres qui correspondent aux valeurs que nous souhaitons transmettre à nos jeunes enfants et à celles qu'ils vivent au quotidien. Or en tant que parent végane, on peut regretter, dans les histoires pour enfants, la fréquence à laquelle les personnages mangent de la viande, du poisson, boivent du lait ou utilisent les animaux (pêche, animaux enfermés dans des enclos...). Je me rappelle avoir déjà remplacé le mot « poulet » par « tofu » dans plus d'une histoire, à l'époque où mes enfants ignoraient encore à peu près l'existence de la viande, ou pour ne pas devoir interrompre l'histoire avec quelque chose de désagréable pour eux.

On peut aussi se sentir désemparé face à la répétition, dans ces mêmes livres, de la compétition, de la loi du plus fort, de la violence, du clivage entre bon et méchant (où le méchant est bien souvent incarné par le loup ou le renard), laissant croire qu'il existe en soi des animaux « gentils » et d'autres « méchants ». Sans parler des animaux de ferme plus souvent représentés comme simplets et sympathiques (nous donnant généreusement leurs œufs, leur laine ou leur lait) que sensibles et intelligents, et dont les besoins réels sont à dessein passés sous silence. Certes, cela reflète la réalité et les fantasmes de la société dont on ne peut – ni ne souhaite – dissimuler l'existence à ses enfants. Et même si je ne nie pas l'importance du schéma gentil/méchant ainsi que d'une certaine violence dans le développement de l'imaginaire des enfants, on peut avoir envie de leur lire autre chose. Et, en particulier, des livres reflétant nos valeurs : véganisme, non-violence envers tout être sensible, coopération plutôt que compétition, valeur de toute vie, caractère unique de chaque animal, droit à la différence...

J'ai sélectionné pour vous 10 livres et magazines s'adressant à des enfants de 2 à 12 ans et qui iront dans le sens de ces valeurs et seront un appui précieux pour vos enfants.

L'incontournable sur le pourquoi du véganisme

Un livre précieux qui aborde les besoins, l'intelligence et la sensibilité des animaux d'élevage, chose rare dans la littérature pour enfants. Pourquoi ne mange-t-on pas les animaux ? Pas toujours évident de répondre clairement et simplement à cette question que tous les enfants végéta*iens poseront tôt ou tard. Ce livre peut être un bon moyen d'aborder le sujet, en images, à partir de 4 ans. Au moyen de grandes illustrations, il aborde les animaux d'élevage les uns après les autres, sans oublier les poules pondeuses, les vaches et les poissons, et explique ce qu'aiment faire ces animaux et comment ils en sont privés dans les cages et élevages industriels. Il aborde même le problème des forêts vierges qui disparaissent pour le bétail. Ce livre a le mérite de dire les choses sans détour même si certains dessins d'animaux enfermés peuvent être un peu inquiétants pour des petits. Il commence par le fait que nous sommes tous des êtres vivants sur cette terre et se termine par une belle réflexion sur notre pouvoir de changer nos vies et le monde en traitant les animaux avec respect. Le petit plus : une page d'idées concrètes pour aller plus loin. À offrir sans hésiter à tous les enfants végétariens, végétaliens et véganes ! Et, pourquoi pas, aux enfants omnivores qui nous demandent pourquoi on ne mange pas les animaux...

Ne nous mangez pas ! de Ruby Roth
L'Âge d'Homme (2013)
Dès 4 ans

Invitation à adopter le point de vue d'un insecte

L'un des auteurs, Phillip Hoose, fut membre de la Nature Conservancy, une association travaillant pour la protection d'espèces en voie de disparition, dont certaines fourmis. *Ohé, petite fourmi !* est donc un album sensible et engagé qui invite l'enfant à s'identifier d'abord au petit garçon prêt à écraser l'insignifiante fourmi se trouvant devant lui, avant d'adopter le point de vue de la fourmi elle-même (les illustrations accompagnent parfaitement ce renversement de perspective), dont les paroles se transforment en plaidoyer pour la valeur de sa vie. L'enfant est invité à dépasser la pression sociale (ses camarades qui se moqueront s'il renonce à la tuer), ses préjugés (une fourmi ne sent rien, n'a pas d'importance) pour la considérer comme un animal finalement pas si différent de lui-même. La fin ouverte laisse le petit lecteur décider : l'enfant épargnera-t-il finalement la fourmi ?

Un beau livre qui sensibilise à l'importance de toute vie, même celle des insectes, et invite les enfants à faire preuve d'empathie et de responsabilité.

Ohé, petite fourmi ! de Phillip Hoose, Hannah Hoose et Debbie Tilley
Éditions de La Martinière (1999)
Dès 3 ans

Une belle fable sur l'entraide et la paix

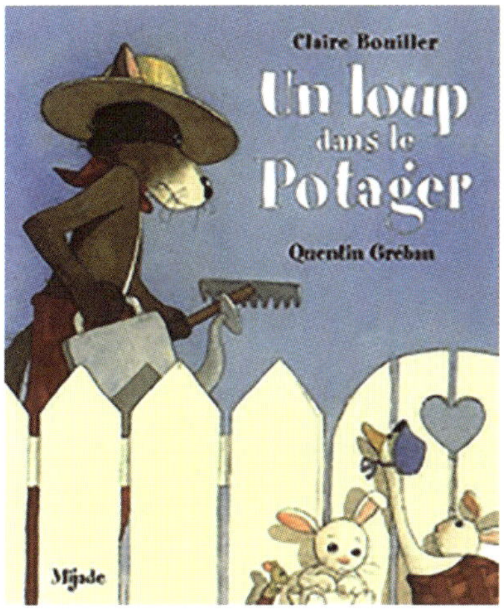

Affamé, car il ne trouve rien à manger dans la forêt, le loup décide de s'organiser et se lance dans la culture d'un potager. Les autres animaux, qui le craignaient, apprécient leur soudaine tranquillité : « Plus besoin de craindre le loup, il ne mange que des légumes ! » Découvrant un matin son jardin saccagé, le loup renonce à se venger et choisit l'entraide, invitant tous ses voisins à venir jardiner avec lui. Cette activité commune suivie d'un repas convivial lui révèle le bonheur d'avoir des amis. Une belle apologie de l'entraide, du partage, de l'amitié et de la paix, et au passage, de l'alimentation végétale ! Les délicates aquarelles de Quentin Gréban contribuent à la beauté de l'histoire.

Un loup dans le potager de Claire Bouiller et Quentin Gréban
Mijade (2005)
Dès 3 ans

Les animaux de Lou

Les histoires de la série « Les animaux de Lou » mettent en scène une petite fille qui comprend, protège et sauve les animaux. Dans chaque livre, elle se lie d'amitié avec un animal dont elle découvre le mode de vie. À la fin, une double page donne des informations sur l'animal dans son milieu naturel.

Présentation d'un livre de la série : *La petite héroïne qui sauve les animaux.* Lou, qui comprend le langage des animaux, en a déjà recueilli plusieurs dans sa maison. Un jour, elle trouve dans la forêt un renardeau orphelin qu'elle ramène à la maison. Elle s'en occupe avec amour, mais le petit renard n'a pas sa place dans une maison et salit tout, énervant les parents de Lou… « Impossible de lui apprendre les bonnes manières ! » Au grand désespoir de Lou, il finit par s'enfuir. Mais Lou, malgré sa tristesse, comprend que « Petit Roux est un animal sauvage, il lui faut sa grande forêt » et se réjouit de l'apercevoir jouer une nuit au clair de lune. Une belle histoire qui rappelle que les animaux, même apprivoisés, sont mieux dans la nature.

Les animaux de Lou : Ne pleure plus, Petit Roux ! de Mymi Doinet et Mélanie Allag
Nathan (2010)
Dès 3 ans (6 ans pour lire seul)

La différence traitée avec humour

Oscar Croktoucru est un petit ogre au gros appétit… qui ne mange que des fruits et légumes. Au grand désespoir de ses parents, il n'aime pas la viande. Mais le médecin, comprenant qu'Oscar est végétarien (le mot est prononcé) et le trouvant « costaud comme il faut », les rassure : « [Leur] fils n'est pas malade, il lui faut de la salade ! ». Et une fois devenu grand, l'ogre gourmand choisit tout naturellement d'ouvrir un restaurant où l'on ne sert « pas d'enfants rôtis au menu, mais des tonnes de fruits et légumes » : même ses parents se régalent avec sa glace au potiron et son flan à la banane.

Une histoire qui aborde avec humour (« C'est très grave, mon fils adore les carottes et la compote ! ») et de manière explicite le sujet du végétarisme, de la différence, de l'incompréhension des autres, de la santé… tout en mettant l'alimentation végétale à l'honneur : Oscar n'a pas fini d'inventer de délicieuses recettes !

Si le petit livre, comme tous ceux de la collection, est conçu pour être lu par des enfants de six ans, il peut aussi être lu à haute voix par les parents à un enfant de trois ou quatre ans.

J'aime pas les côtelettes
de Mymi Doinet et Fabrice Turrier
Nathan (2008)
Dès 3 ans (6 ans pour lire seul)

Un album plein de douceur sur l'amour et la liberté

Petit Paul a trouvé un oisillon, et au lieu de lui rendre la liberté, il lui construit une cage… « parce qu'il l'aime ». Les explications de sa maman n'y changeront rien : Petit Paul ne peut se résoudre à se séparer de l'oiseau qu'il a sauvé. Mais son Papy, avec subtilité, l'emmène un jour sur une colline du haut de laquelle il a la sensation de s'envoler. Petit Paul comprend… et relâche son oiseau, « parce qu'il l'aime ». Ce magnifique album aborde le thème de la captivité, de l'amour et de la liberté à travers un texte tout en simplicité et en douceur, très bien accordé aux illustrations.

Petit Paul et l'oisillon
de Marjorie Newman et Patrick Benson
Kaléidoscope (2002)
Dès 3 ans
Un album plein de douceur sur l'amour et la liberté

Une aventure vitaminée pour surmonter les préjugés

Alex, le petit tyrannosaure, se régale joyeusement de tarte aux poireaux et de mousse d'avocat, de jus fraise-banane et de gâteau carotte et pastèque, quand un jour, lassé de subir les moqueries de son entourage, il décide de partir pour trouver des amis herbivores qui le comprennent. Réalisant qu'Alex leur manque, ses amis se mettent en route pour le retrouver.

L'histoire à la trame simple met en valeur l'acceptation des différences et, tout comme *J'aime pas les côtelettes*, démonte les plus fameux clichés sur les végétariens : « À force de manger des crudités, tu vas te ratatiner ». Quand Alex sauve ses amis en arrêtant un rocher qui tombait d'une falaise, alors ceux-ci constatent « on te croyait tout ramollo, mais tu es sacrément costaud ! » et lui organisent une belle fête... végétarienne.

Si l'éthique ou les raisons d'être végéta*ien ne sont pas abordées, l'album offre une belle réflexion sur les difficultés que l'on rencontre parfois avec une alimentation différente. Une histoire joyeusement illustrée, parsemée de fruits et légumes aux couleurs vitaminées, qui plaira bien aux enfants dès trois ans. Les petits véganes pourront s'identifier au héros et, s'ils ont pu faire l'objet de critiques, en rire et s'en distancer à travers la fiction qui leur prouve qu'ils ont bien le droit d'être différents et sont aussi forts et valables que les autres.

À offrir à tous les enfants pour un monde plus tolérant.

T-Végi, le petit tyrannosaure dévoreur de légumes de Smriti Prasadam-Halls
et Katherina Manolessou
Éditions Gallimard jeunesse (2016)
Dès 3 ans

Un conte sur la non-violence et la force des convictions

Dans le clan de Mirto, les enfants apprennent à chasser pour se nourrir et se vêtir. Mais le jour où la flèche du petit garçon blesse un animal pour la première fois, il prend conscience de ce que ce geste implique en assistant, bouleversé, à la souffrance et à la mort de la marmotte. Dès lors, ayant fait une promesse secrète à cet animal, Mirto décide de vivre selon ses convictions, en ne mangeant plus que graines et fruits. Une décision qui dérange d'abord le clan, mais qui sera finalement acceptée, puisque dans la nature d'autres animaux se nourrissent sans tuer.

L'histoire pleine de sensibilité, illustrée à la manière d'une légende ancienne (les dessins sont imprimés en bichromie sur un beau papier couleur crème), touchera aussi bien les adultes que les enfants. Elle aborde directement la question éthique : pourquoi tuer si l'on peut vivre sans faire de mal ? Elle interroge également la possibilité de vivre dans un groupe en faisant des choix différents. Un album précieux, plein de bienveillance, qui aidera assurément les petits véganes à être fiers de leurs convictions.

La promesse de Mirto ou comment un premier humain refusa de tuer l'animal
de Jennifer Dalrymple
Oskar jeunesse (2016)
Dès 8 ans

Introduction ludique à la cuisine végane et saine

Marion Eberschweiler, qui anime deux chaines YouTube, des blogues et la page Facebook *Petits élèves de la nature*, a élaboré avec ses enfants ce livre de recettes de gouters véganes et crus, précédées de plusieurs pages expliquant en BD les bienfaits des fruits et légumes.

Il n'est pas nécessaire d'être un partisan de l'alimentation crue pour apprécier dans ce livre l'approche ludique, adaptée aux enfants, et sa finalité qui reste de rendre attrayants les produits frais et non transformés à travers des recettes aux noms rigolos et aux visuels colorés et généreux. *Goûters sains pour petits héros* s'adresse directement aux enfants : il commence par un roman-photo adorable qui leur apprendra en quoi les fruits et légumes sont bons pour leur santé, puis une présentation des principaux ingrédients et outils. Les recettes, toutes très simples car composées de peu d'ingrédients, sont réparties en cinq chapitres : boissons, glaces, friandises (dont les barquettes fraise et les mignons petits *unschoolers*), gâteaux et petites crèmes. Coup de cœur pour les pas-à-pas illustrés par Delphine Chklé (la « maman » de Pitaya, petite mascotte qu'on a d'ailleurs le plaisir de retrouver au détour d'une page), qui permettent aux enfants de réaliser les recettes en toute autonomie. Ils peuvent ainsi prendre plaisir à élaborer de jolis desserts par eux-mêmes, et aussi les gouter en cours de route puisqu'il n'est pas nécessaire d'attendre la cuisson. Plus qu'un simple livre de recettes, c'est un livre plein de couleurs que les enfants prendront plaisir à feuilleter.

Goûters sains pour petits héros
de Marion Eberschweiler et Delphine Chklé
Le Chou Brave (2015)
Dès 3 ans

Le magazine végane et bienveillant

Pitaya, un magazine en ligne gratuit créé en 2012 par un petit groupe de mamans véganes dont j'ai fait partie, est destiné aux enfants de deux à huit ans. Axé sur le maternage, la non-violence, l'écologie et le respect des animaux, il présente à travers des histoires et des jeux une vision du monde qui change des magazines traditionnels et où les petits véganes pourront se retrouver davantage.

Au sommaire des quatre numéros disponibles (un par saison) : grande et petite histoire, imagier, jeux, monde animal, devinette, recette, activité manuelle, et même une rubrique « parents » où trouver des informations sur différents thèmes liés à l'éducation alternative.

Le petit plus : de magnifiques illustrations de Delphine Chklé et photos de Marie Laforêt, auteure du blogue *100 % végétal*.

Pitaya magazine, Collectif
Magazine en ligne
Quatre numéros (2012-2013)
Dès 2 ans

5 raisons de lire des livres véganes aux enfants

Selon les types de livres et la manière dont le sujet est abordé, on peut distinguer cinq apports positifs des lectures véganes :

Comprendre les animaux et développer son empathie

Si l'on souhaite transmettre nos valeurs véganes à nos enfants, il est essentiel que ceux-ci puissent connaitre et comprendre les animaux. Ce qui reste le moyen privilégié pour la majorité des parents de faire découvrir les animaux aux enfants, à savoir le zoo, n'est pas une option pour nous. C'est pourquoi les livres, en plus des sorties dans la nature et des précieux documentaires (vidéos), sont un bon moyen d'apprendre à connaitre et surtout à comprendre les différents animaux, condition nécessaire au développement d'une empathie réelle et à la volonté de ne pas leur nuire. Évidemment, les livres qui présentent les animaux hors de tout jugement moral, qui les montrent comme des animaux intelligents et sensibles, et qui invitent le petit lecteur à adopter le point de vue de l'animal ou à réfléchir à sa ressemblance avec lui-même, sont ceux qui permettront le plus de développer cette empathie, que ce soit au travers d'une fiction ou non.

Lectures *Ohé, petite fourmi !, Ne nous mangez pas !, Pitaya magazine, Les animaux de Lou* (avec double page d'infos à la fin), *Petit Paul et l'oisillon.*

S'identifier et se sentir moins seul

Élever ses enfants véganes, c'est leur donner une magnifique opportunité de grandir dans le respect de la vie et de la planète. C'est leur offrir la chance de pouvoir faire évoluer vers plus de paix le monde dans lequel ils vivent. Pour autant, ce mode de vie n'est pas toujours évident pour les enfants, qui peuvent encore souffrir des préjugés des autres et de leur différence. Si l'on n'a pas la chance de connaitre d'autres familles véganes, de participer à des rencontres et d'être soutenu dans ses choix, alors les livres véganes peuvent s'avérer un précieux soutien pour les enfants. Les histoires dans lesquelles le petit héros est végétarien et doit affronter avec courage et détermination les préjugés ou les moqueries des autres – autres qui finissent par reconnaitre leur erreur et par accepter le petit héros dans sa différence – nous paraissent peut-être simplistes, à nous adultes, mais permettent à l'enfant, qui n'ose pas forcément aborder ces sujets, de s'identifier et de se sentir moins seul. Voir d'autres personnages aux prises avec des problèmes quotidiens ressemblant aux siens peut lui donner le courage et le recul nécessaire pour mieux vivre sa différence.

Lectures *J'aime pas les côtelettes, T-Végi, le petit tyrannosaure dévoreur de légumes, La promesse de Mirto, Pitaya magazine.*

Renforcer son estime de soi et se sentir utile

Grandir végane, ce n'est pas seulement essayer de faire accepter sa différence comme on le ferait d'un défaut. Un enfant, pour pouvoir continuer à surmonter les inévitables moments difficiles liés au véganisme et tirer de la fierté de ce choix, a aussi besoin de se sentir valorisé, de voir que son mode de vie est utile, valable, bref de se sentir comme un « petit héros » pour les animaux. Voir sa différence valorisée dans une histoire et s'identifier à un enfant qui vient en aide aux animaux lui permet de renforcer sa confiance en lui et sa motivation à respecter les autres êtres vivants.

Lectures *Pitaya, Ne nous mangez pas !, T-Végi, le petit tyrannosaure dévoreur de légumes, Goûters sains pour petits héros, J'aime pas les côtelettes, Les animaux de Lou, Un loup dans le potager, La promesse de Mirto.*

Agir et s'amuser

Parce que nos petits véganes ont aussi besoin de s'amuser, d'agir et de bricoler (et, de préférence, pas avec des boites à œufs !), des livres et magazines en accord avec leurs valeurs sont le meilleur moyen (pour eux) de renforcer leur créativité : recettes, bricolages, idées pour aider les animaux en hiver ou actions à mener auprès de leurs proches ou dans leur école, tout cela peut être trouvé dans les lectures véganes que je vous présente.

Lectures *Pitaya, Goûters sains pour petits héros, Ne nous mangez pas !* (suggestions d'actions en fin d'ouvrage).

Diffuser ses valeurs et faire réfléchir ses proches

Les livres mettant en valeur le véganisme et d'autres choix alternatifs qui lui sont liés ne sont pas réservés aux personnes déjà convaincues. Rien de plus facile, pour faire comprendre nos valeurs à un proche non végane, que de lui prêter un livre. Cela évite la crispation qui nait souvent du débat. Un livre pour enfants, surtout sous forme de fiction, est un bon moyen de faire réfléchir, d'ouvrir les esprits et, pourquoi pas, de discuter de ce sujet, que ce soit en famille, avec un·e ami·e ou à l'école. Lorsque j'avais annoncé à la crèche de mes enfants, en Allemagne, que nous étions véganes, l'éducatrice m'avait ainsi demandé si je pouvais présenter le sujet à tout le groupe au moyen d'un livre (je n'ai pas pu le faire parce que mon fils a changé d'éducatrice, mais j'avais pensé à *Ne nous mangez pas !* qui est traduit en allemand aussi).

Lectures *Pitaya, Ne nous mangez pas !, Ohé, petite fourmi !, Un loup dans le potager, J'aime pas les côtelettes, T-Végi, le petit tyrannosaure dévoreur de légumes, La promesse de Mirto.*

Sophie Cottarel est auteure du blogue *Enfant végé.*

Illustration Faunesque

Petit guide de survie pour ados véganes

Lora Zepam

Ta mère ou ton père s'inquiètent parce que tu as choisi d'être végane ? Tu te fais niaiser par tes amies[1] à la cafétéria ? Ce petit guide pourrait t'aider à bien vivre avec tes valeurs tout en gardant la tête haute.

Quand j'ai annoncé à mes parents que je devenais végétarienne, puis, rapidement, végétalienne, mon père m'a dit que j'allais pas passer l'hiver, et ma mère a fait un froncement de sourcil d'inquiétude (ma mère est facilement inquiète). J'avais 16 ans, personne dans mon entourage n'était végé, pas même flexitarien, pas même pesco-végétarien, et je voulais être certaine de bien faire les choses. C'est pas seulement mes parents que je voulais rassurer, mais moi-même, parce que tout ce que je connaissais sur le végétarisme, c'était les dangers. Voici donc, en espérant que ça puisse t'inspirer, comment j'ai défroncé les sourcils de ma mère et prouvé à mon père que je pouvais survivre aux durs hivers québécois sur un régime à base de plantes.

Informe-toi aux bonnes sources

Lis. Beaucoup. Mais avec discernement. À l'époque, en 2000, j'ai dû lire toute la section nutrition de ma bibliothèque municipale. C'était instructif, mais ça m'a un peu fuckée, parce qu'après j'ai dû désapprendre tout ce que j'avais assimilé sur les régimes dissociés – ça disait que c'est full mauvais pour la santé de manger des fruits en même temps que d'autres aliments –, les régimes basés sur les groupes sanguins et autres bullshits non validées par la science. J'ai le droit de manger du gluten même si je suis Capricorne, sérieux ? Ce qui m'amène au prochain point.

Réfère-toi aux nutritionnistes

Tu as surement des connaissances ou des opinions en matière de nutrition, et sans vouloir t'enlever quoi que ce soit, sache que c'est le cas de pas mal tout le monde, sauf que tout le monde n'est pas pour autant *bien* renseigné. Fie-toi à ce qui est approuvé par les personnes les plus compétentes en ce domaine. Mon entourage avait l'air si convaincu que le végétalisme allait entrainer des carences que j'ai fini par le croire. Alors pour m'informer, me rassurer, et par le fait même rassurer mes parents, j'ai consulté une nutritionniste. J'ai fait un journal alimentaire durant une semaine, et à partir de ça, elle m'a donné ses recommandations. J'ai donc appris que je me nourrissais pas si mal que ça, et que j'allais pas mourir dans les prochaines semaines d'une épouvantable carence en protéines/fer/B12/whatever. Mais j'étais pas obligée de consulter. J'aurais pu lire des livres écrits par des nutritionnistes (ce que j'ai fini par faire heureusement[2]). Si tu t'informes aux bonnes sources, que tu manges varié et à ta faim, que tu prends tes suppléments de B12, tout devrait bien aller[3]. Si malgré tout tu as des doutes, ou que tes parents ont *vraiment* besoin d'être rassurés par une professionnelle, consulte (et si elle est végétalienne elle-même, c'est encore mieux !).

> **Lectures : par où commencer ?**
>
> **1** Pour cuisiner simplement, rapidement et réviser ton anglais : minimalistbaker.com
>
> **2** Pour devenir une meilleure cook que tes parents : *Isabelle complètement VEDGE* d'Isabelle Gélinas (Perro Éditeur, 2016)
>
> **3** Pour savoir argumenter avec les carnistes : *Petit traité de véganisme* de Anna Charlton et Gary Francione (L'Âge d'homme, 2015)
>
> **4** Pour connaitre l'essentiel du véganisme : *Le défi végane 21 jours* d'Élise Desaulniers (La Plage, 2017)
>
> **5** Pour te rappeler pourquoi tu es devenue végane (et pourquoi tu vas le rester) : *Faut-il manger les animaux ?* de Jonathan Safran Foer (Éditions de l'Olivier, 2011)

Entoure-toi bien

Tu fais partie d'un mouvement encore très marginal, et ça te prend des alliées. Des amies avec qui tu pourras parler de véganisme sans te sentir jugée. La bonne nouvelle, c'est qu'internet en regorge. Choisis bien tes groupes et forums ; c'est essentiel de s'y sentir respectée et d'avoir du soutien en cas de besoin (non, les véganes sont pas tous des Bisounours).

Prends ta place dans la cuisine

Ça fait longtemps que tes parents ne te nourrissent plus à la cuillère, mais c'est possible qu'ils résistent un peu à l'idée que tu cuisines tes propres repas. Montre-leur que t'es capable de te faire à manger sans crisser le feu ni cochonner la cuisine (mais t'sais, demande de l'aide au début si t'es pas sure).

Phrase-clé : « Yo, je suis en train de devenir une adulte, voulez-vous vraiment m'empêcher de développer mon autonomie ? »

> **Comment reconnaitre un groupe de respectueux ?**
>
> **1** Les membres ne se lancent pas des insultes (big surprise !).
>
> **2** En cas de divergence d'opinions, on démolit des arguments, pas des gens.
>
> **3** Les admins ne tolèrent aucune forme d'agression ou d'oppression.
>
> **4** L'esprit critique y est encouragé, on évite de propager de la désinformation.
>
> **5** On s'y sent à l'aise, même quand on est nouvellement végane et qu'on ne connait pas les autres membres.

Vois ça comme un beau défi

Explore, essaie des choses, rate des recettes, sois créative. Tes parents pensent peut-être que tu te punis, mais quand ils verront que ton répertoire de recettes est plus varié que le leur, ils vont peut-être arrêter d'avoir peur que tu fasses une overdose de salade.

Fais le point chez ton médecin

Est venu un moment où j'ai slaqué un peu sur l'obsession de bien manger, et après un certain temps à me nourrir sans calculer mes vitamines, j'ai eu peur. D'un coup que je suis en train de mourir ? Fuck, je suis surement anémique, je l'étais déjà quand je mangeais de la viande rouge sans retenue ! Je suis allée voir mon médecin, je lui ai dit que je voulais passer des tests sanguins parce que je négligeais mon alimentation. Les résultats ne montraient aucune carence ni le début d'un manque de quoi que ce soit. Well. J'avais paniqué pour rien. Par contre, au bout de quelques années, ces mêmes tests m'ont appris que mes réserves en B12 commençaient à s'épuiser… Comme quoi ça vaut la peine de faire un check-up de temps en temps.

Une carence en B12 peut causer des séquelles neurologiques irréversibles. Pis ça donne des véganes fucked up. Tu veux pas ça.

Prends ta B12

On vit dans un monde quasi aseptisé, la vitamine B12 ne se trouve plus vraiment de manière « naturelle ». Tout le monde consomme de la B12 en supplément, y compris les omnivores. Alors comme tu ne manges plus de protéines animales, il faut que tu prennes un supplément. Please, ne néglige jamais ça. Une carence en B12 peut causer des séquelles neurologiques irréversibles. Pis ça donne des véganes fucked up. Tu veux pas ça.

Fais les ajustements nécessaires

T'as eu un craving de fromage et tu y as succombé ? Tu viens de te rendre compte que tes biscuits contiennent des œufs ? C'est correct si tu te trompes. On a toutes droit à l'erreur. L'important, c'est d'apprendre. Peut-être que ça t'arrive aussi de ne pas bien maitriser tes arguments quand tu discutes d'exploitation animale ou de nutrition. Avoue humblement que t'es pas une experte (pas encore !). Aussi, tu peux expliquer à ton entourage où sont tes limites et leur dire pourquoi (ou pas). Tous les véganes n'ont pas les mêmes limites. Par exemple, moi, ça me dérange pas que mon pain contiennent de la L-cystéine que ça se pourrait peut-être qu'il y ait des possibilités qu'elle soit peut-être un peu d'origine animale (ou pas, je le sais pas, je m'en crisse), parce que pour moi, ça relève plus de l'obsession de la pureté individuelle que de la lutte pour la libération animale. Par contre, je voudrais pas manger un aliment qui contient un quart de gramme de gélatine. Où est la logique ? Nulle part. Simple dédain personnel difficile à expliquer.

Méfie-toi de l'orthorexie

C'est pas grave si tu manges de la farine blanche plutôt que de la complète. Bien sur que je t'encourage à manger sainement, mais le véganisme n'est pas synonyme de rigueur nutritionnelle et de santé.

Développe ta zénitude

Je te préviens, tu vas devoir apprendre à gérer ta colère et ta frustration. Quand on devient végane, les gens de notre entourage se transforment subitement en spécialistes de la nutrition, de l'éthique animale et de l'anthropologie (et j'en passe). Ils vont essayer de te coincer, de te prendre en défaut, et les plus vilains voudront même te faire plier. Premièrement, c'est pas grave si tu « triches ». On veut abolir l'exploitation animale, pas devenir des êtres de lumière. Fait que tu peux leur dire de te sacrer une p'tite patience, que tu recherches pas la pureté personnelle, mais que tu participes activement à une *lutte politique*. Ouin. Je suis pas super zen, han ? Okay, reprenons du début. Tu es nouvellement végane, dans un monde non végane. Tu dois rester forte, et pour cela, évite de perdre ton temps et ton énergie à argumenter avec des gens qui cherchent juste à se battre. On va peut-être te dire que t'es en crise d'adolescence, que tu sais pas encore qui tu es. Peut-être qu'au contraire tu sais très bien qui tu es. Je te connais pas, mais je sais au moins une chose sur toi : tu es sensible aux autres animaux, et tu refuses de contribuer à ce grand massacre qu'on essaie donc de nous faire voir comme étant normal, naturel et nécessaire. J'aurais aimé ça qu'on me dise « tes valeurs sont belles et inspirantes » au lieu de « ça va passer, c'est juste un trip d'ado », ou pire « quand tu vas être malade, tu vas te remettre à manger de la viande ». Yo, je suis encore vivante et en bonne santé.

Moi je pense que l'adolescence est un bon timing pour devenir végane. Je me souviens que j'étais pas encore trop endoctrinée par le carnisme, que j'avais pas réellement eu le temps d'apprendre à cuisiner, alors c'était pas trop difficile de changer mes habitudes. Peut-être aussi que j'avais l'esprit plus ouvert, moins d'orgueil. Je travaille fort pour garder mon esprit d'adolescente. D'une ado adulte à une ado, je te le dis, et je veux pas que tu perdes ça de vue : tes valeurs sont belles, ta cause est juste, et tu ne fais pas tout ça pour rien. Je dis pas ça pour être over optimiste, je suis sincère. Et ça, j'aurais aimé qu'on me le dise quand j'avais 16 ans.

Le *fat shaming*

J'ai toujours été plutôt maigre, ce qui fait que je m'attire constamment les conseils – non sollicités – pour prendre du poids. Comme si mon poids était une maladie. Ça m'a pris du temps avant de comprendre que mon poids ne regarde personne d'autre que moi-même et mon médecin, et que je devrais jamais laisser qui que ce soit me faire croire le contraire. Je suis maigre, je mange à ma faim, je suis faite comme ça. J'ose même pas imaginer ce que ça aurait pu être si j'avais eu le malheur d'être obèse. Parce que oui, j'aurais pu être obèse en ayant le même fucking mode de vie que j'ai actuellement : je suis relativement sédentaire, je mange beaucoup de glucides, que dis-je, je me bourre la face de sucre comme un estie de colibri qui n'a pas de limite, et je grossis pas. Évidemment, on me dit que je suis maigre parce que je suis herbivore. Mais ça n'a aucun rapport. Les véganes, comme tout le monde d'ailleurs, peuvent avoir tous les types de corps. Maigre, musclé, gras, obèse, name it. Où je veux en venir avec tout ça ? Juge pas les autres, aime-toi, et informe-toi sur le fat shaming (la grossophobie) et la diversité corporelle.

Lora Zepam a dirigé le numéro 144 de la revue *Moebius* sur le thème *Animaux* et écrit trois fanzines sur des arthropodes mal aimés. Elle habite une grotte avec ses chattes et une armée de scutigères véloces.

1 La forme féminine est utilisée afin d'alléger le texte, mais je m'adresse à tout le monde.
2 *Devenir végétarien* de Vesanto Melina, Brenda Charbonneau-Davis et Victoria Harrison, Éditions de l'Homme (1996).
3 Si tu as un problème de santé chronique, il est bien sur plus sage d'aviser tes médecins et nutritionnistes de ton changement d'alimentation.

DOCUMENTS

archives, philosophie, histoire

Illustration Aurore Danielou

Véganes avant la lettre : les anarcho-végétaliens français des années 1920

Christiane Bailey

Que se ravisent celles et ceux qui prétendent que le véganisme n'est qu'une mode passagère : il ne date pas d'hier, ni même des années 1970 ou de la Vegan Society. On en trouve les prémisses chez les anarchistes français du début du XXe siècle.

Le milieu libre de Bascon, fondé en 1911 par Georges Butaud et Sophie Zaïkowska, était une communauté autogérée végétalienne.

Si le terme « végane » est apparu récemment pour traduire l'anglais « vegan » (forgé en 1944), la distinction entre végétarisme et végétalisme existait bien avant dans le monde francophone. Déjà en usage au XIXe siècle, le végétalisme est adopté par des communautés anarchistes au début du XXe siècle qui y voyaient l'élément clé de l'émancipation des individus et de l'avènement d'une société libertaire.

Sophie Zaïkowska et Georges Butaud participèrent à la création de plusieurs communautés autogérées, dont le milieu libre de Bascon en 1911, et ouvrirent à Paris en 1923 un Foyer végétalien fréquenté par Louis Rimbault, fondateur de la cité végétalienne Terre Libérée (1923-1949). Ces communes végétaliennes étaient des tentatives de vivre autrement sans attendre une hypothétique révolution. Le but était d'expérimenter ici et maintenant des façons alternatives de vivre permettant aux individus de se libérer immédiatement et de ne plus dépendre du capitalisme, du colonialisme et de l'exploitation des humains et des autres animaux.

Appliquant le principe de non-domination aux animaux également, ces anarchistes rejettent la consommation de viande, ce « régime cadavérique » qui découle du meurtre des bêtes, ainsi que les produits du lait maternel des animaux et les œufs, considérés comme des formes d'esclavage et de vol. Rimbault rappelle que le végétarisme permet encore qu'on « détrousse le nid de la poule » et « ne change rien aux conditions de l'animal, toujours esclave, toujours sacrifié[1] » puisque « pour boire du lait, il faut tolérer qu'en pleine Touraine on attache, à vie, une vache à un mètre de chaine » et « consentir au sacrifice du petit veau, en attendant le tour de la vache épuisée[2]. » Butaud dénonce la vision féérique du pastoralisme des campagnes et voit les élevages comme des lieux de tourments : « Les bêtes sont enchainées nuit et jour, les bœufs et les chevaux s'exténuent sous le joug, dans les brancards le jour, la nuit on les rive au mur ! Ah elle est belle la paix des campagnes. Les poètes peuvent la chanter ! Allons donc, ouvrons les yeux, arrière le mensonge ! [...] Le végétalien ne reconnait pas à l'homme le droit de dominer, d'abuser de sa force sur des êtres sensibles au même titre que lui[3]. »

Pour ces anarchistes individualistes, ce sont les êtres sensibles qui comptent : « Le Végétalisme n'affranchit pas qu'une classe, qu'une secte, qu'une race ou qu'une espèce, mais tout ce qui vit, tout ce qui est sensible et souffre de l'injustice, de l'iniquité, de l'abus, et de la perversion des hommes[4]. » Ces

1 Louis Rimbault, « La Basconnaise », conférence du 24 octobre 1927, reproduite dans *Invariance*, vol. 2, p. 315.
2 Louis Rimbault, « Le problème de la viande », *Le Néo-Naturien*, nº 13, août-septembre 1923 (*Invariance*, vol. 1, p. 305).

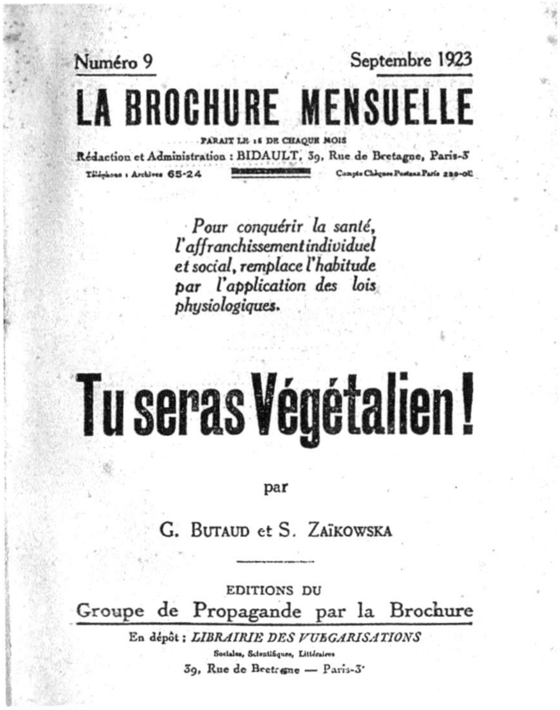

Numéro 9 Septembre 1923

LA BROCHURE MENSUELLE

PARAIT LE 15 DE CHAQUE MOIS

Rédaction et Administration : BIDAULT, 39, Rue de Bretagne, Paris-3ᵉ

Téléphone : Archives 65-24 Compte Chèques Postaux Paris 229-08

Pour conquérir la santé, l'affranchissement individuel et social, remplace l'habitude par l'application des lois physiologiques.

Tu seras Végétalien !

par

G. Butaud et S. Zaïkowska

EDITIONS DU

Groupe de Propagande par la Brochure

En dépôt : *LIBRAIRIE DES VULGARISATIONS*

Sociales, Scientifiques, Littéraires

39, Rue de Bretagne — Paris-3ᵉ

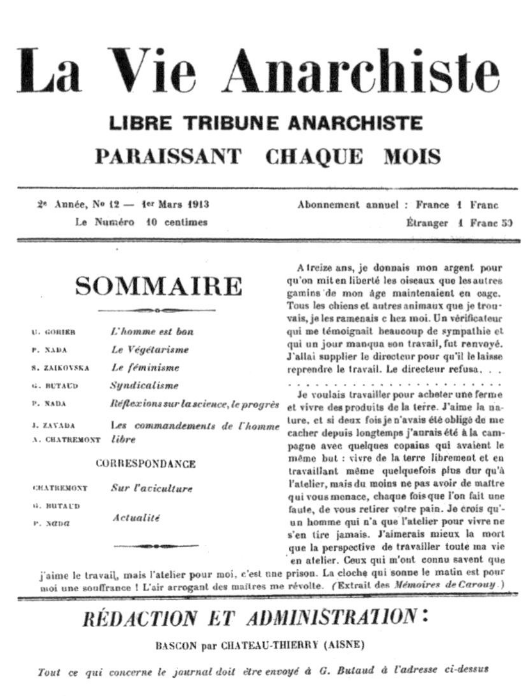

La Vie Anarchiste

LIBRE TRIBUNE ANARCHISTE

PARAISSANT CHAQUE MOIS

2ᵉ Année, Nº 12 — 1ᵉʳ Mars 1913 Abonnement annuel : France 1 Franc

Le Numéro 10 centimes Étranger 1 Franc 50

SOMMAIRE

U. GOHIER	*L'homme est bon*
P. NADA	*Le Végétarisme*
S. ZAIKOVSKA	*Le féminisme*
G. BUTAUD	*Syndicalisme*
P. NADA	*Réflexions sur la science, le progrès*
J. ZAVADA	*Les commandements de l'homme*
A. CHATREMONT	*libre*
	CORRESPONDANCE
CHATREMONT	*Sur l'aviculture*
G. BUTAUD	
P. NADA	*Actualité*

A treize ans, je donnais mon argent pour qu'on mit en liberté les oiseaux que les autres gamins de mon âge maintenaient en cage. Tous les chiens et autres animaux que je trouvais, je les ramenais chez moi. Un vérificateur qui me témoignait beaucoup de sympathie et qui un jour manqua son travail, fut renvoyé. J'allai supplier le directeur pour qu'il le laisse reprendre le travail. Le directeur refusa. . .

. . . .

Je voulais travailler pour acheter une ferme et vivre des produits de la terre. J'aime la nature, et si deux fois je n'avais été obligé de me cacher depuis longtemps j'aurais été à la campagne avec quelques copains qui avaient le même but : vivre de la terre librement et en travaillant même quelquefois plus dur qu'à l'atelier, mais du moins ne pas avoir de maître qui vous menace, chaque fois que l'on fait une faute, de vous retirer votre pain. Je crois qu'un homme qui n'a que l'atelier pour vivre ne s'en tire jamais. J'aimerais mieux la mort que la perspective de travailler toute ma vie en atelier. Ceux qui m'ont connu savent que j'aime le travail, mais l'atelier pour moi, c'est une prison. La cloche qui sonne le matin est pour moi une souffrance ! L'air arrogant des maîtres me révolte. (Extrait des *Mémoires de Carouy*.)

RÉDACTION ET ADMINISTRATION :

BASCON par CHATEAU-THIERRY (AISNE)

Tout ce qui concerne le journal doit être envoyé à G. Butaud à l'adresse ci-dessus

Sophie Zaïkowska (1880-1939) et Georges Butaud (1868-1926) ont dirigé la revue *La Vie Anarchiste* de 1912 à 1914 et ont fondé la revue *Le Végétalien* en 1924.

Foyer Végétalien 40, Rue Mathis PARIS (Métro : Crimée)

Prix des repas : 3 fr. 50

Menu : « Basconnaise » (salade variée, composée de feuilles et de racines crues et de pommes de terre cuites). — Soupe. — Légume cuit. — Dessert.

Dans ce Foyer, on se sert à discrétion, les fruits seuls sont rationnés. Les consommateurs sont priés de considérer que l'huile et le pain sont des aliments dont il est dangereux d'abuser : il ne faut pas dépasser deux cuillerées d'huile (24 gr.) par repas et se rationner en pain selon l'importance du travail musculaire que l'on fait.

Foyer Végétalien 3, Rue Fodéré NICE (Port)

En vente au « VÉGÉTALIEN »

131, Rue St-Gratien, ERMONT (S.-&-O.)

(Abonnement annuel : 10 fr. pour la France, 12 fr. pour l'Etranger)

Tu seras Végétalien ! par G. Butaud et S. Zaïkowska . . 0.80
Les Lois Naturelles base de doctrine universelle, par G. Butaud 0.50
Notice sur la façon dont on peut consommer dans les Foyers Végétaliens, par G. Butaud 0.15
Le Crudivégétalisme, par G. Butaud. 0.25
Esthétique, Santé et Végétalisme, par le Dʳ L. Chauvois. 1.50
Gobineau et sa Philosophie, par Camille Spiess . . . . . 1. —
Réponse à l'Enquête sur le Végétalisme, par V. Lorenc. 0.40
Capitalisme et Communisme, par la Doctoresse Pelletier. 1. —
Les Naturacrates (pour enfants), par Antoine J. Torres . 1.50
La Réforme agraire en Russie, par A. Daudé-Bancel . . 15. —
Essai d'Etude du besoin, par G. Butaud. 0.50

Tous les ouvrages de Dʳ Carton, Dʳ Legrain, Dʳ Camille Spiess, Dʳ Chauvois, Doctoresse Pelletier, Han Ryner, Paul Brulat, Rosny Aîné, Urbain Gohier, Aimée Blech.

Imprimerie J. SOLSONA, 9, rue Hallé, Paris-14ᵉ — Tél. Gob. 62-71

En 1923, Sophie Zaïkowska et Georges Butaud fondèrent le Foyer végétalien à Paris et, plus tard, à Nice. On y offrait des repas et des chambres à bas prix et organisait des conférences.

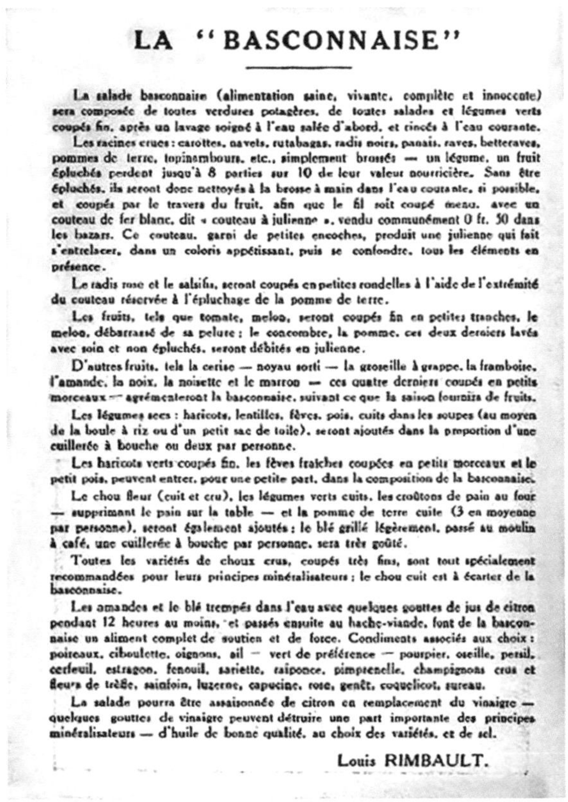

LA "BASCONNAISE"

La salade basconnaise (alimentation saine, vivante, complète et innocente) sera composée de toutes verdures potagères, de toutes salades et légumes verts coupés fin, après un lavage soigné à l'eau salée d'abord, et rincés à l'eau courante.

Les racines crues : carottes, navets, rutabagas, radis noirs, panais, raves, betteraves, pommes de terre, topinambours, etc., simplement brossés — un légume, un fruit épluchés perdent jusqu'à 8 parties sur 10 de leur valeur nourricière. Sans être épluchés, ils seront donc nettoyés à la brosse à main dans l'eau courante, si possible, et coupés par le travers du fruit, afin que le fil soit coupé menu, avec un couteau de fer blanc, dit « couteau à julienne », vendu communément 0 fr. 50 dans les bazars. Ce couteau, garni de petites encoches, produit une julienne qui fait s'entrelacer, dans un coloris appétissant, puis se confondre, tous les éléments en présence.

Le radis rose et le salsifis, seront coupés en petites rondelles à l'aide de l'extrémité du couteau réservée à l'épluchage de la pomme de terre.

Les fruits, tels que tomate, melon, seront coupés fin en petites tranches, le melon, débarrassé de sa pelure ; le concombre, la pomme, ces deux derniers lavés avec soin et non épluchés, seront débités en julienne.

D'autres fruits, tels la cerise — noyau sorti — la groseille à grappe, la framboise, l'amande, la noix, la noisette et le marron — ces quatre derniers coupés en petits morceaux — agrémenteront la basconnaise, suivant ce que la saison fournira de fruits.

Les légumes secs : haricots, lentilles, fèves, pois, cuits dans les soupes (au moyen de la boule à riz ou d'un petit sac de toile), seront ajoutés dans la proportion d'une cuillerée à bouche ou deux par personne.

Les haricots verts coupés fin, les fèves fraîches coupées en petits morceaux et le petit pois, peuvent entrer, pour une petite part, dans la composition de la basconnaise.

Le chou fleur (cuit et cru), les légumes verts cuits, les croûtons de pain au four — supprimant le pain sur la table — et la pomme de terre cuite (3 en moyenne par personne), seront également ajoutés ; le blé grillé légèrement, passé au moulin à café, une cuillerée à bouche par personne, sera très goûté.

Toutes les variétés de choux crus, coupés très fins, sont tout spécialement recommandées pour leurs principes minéralisateurs ; le chou cuit est à écarter de la basconnaise.

Les amandes et le blé trempés dans l'eau avec quelques gouttes de jus de citron pendant 12 heures au moins, et passés ensuite au hache-viande, font de la basconnaise un aliment complet de soutien et de force. Condiments associés aux choix : poireaux, ciboulette, oignons, ail — vert de préférence — pourpier, oseille, persil, cerfeuil, estragon, fenouil, sariette, raiponce, pimprenelle, champignons crus et fleurs de trèfle, sainfoin, luzerne, capucine, rose, genêt, coquelicot, sureau.

La salade pourra être assaisonnée de citron en remplacement du vinaigre — quelques gouttes de vinaigre peuvent détruire une part importante des principes minéralisateurs — d'huile de bonne qualité, au choix des variétés, et de sel.

Louis RIMBAULT.

Rimbault prônait la pratique du « végétalisme d'infinie variété », c'est-à-dire la consommation d'une variété abondante de végétaux, préférablement crus. Il a développé la « Basconnaise » qui était servie au Foyer végétalien.

anarcho-végétaliens s'opposent également à la vivisection, à la consommation du cuir et de la laine, et pratiquent l'agriculture véganique bio, « sans fumier des écuries esclavagistes, contaminantes et encore moins de l'engrais chimique[5]. »

Leur défense du végétalisme s'appuyait sur le respect des animaux, mais aussi sur la santé humaine, la protection de l'environnement ainsi que la libération économique et politique. L'argument économique était particulièrement fort à une époque où les techniques d'élevage industriel étaient peu développées. S'abstenir des produits animaux dispendieux représentait une occasion d'éviter l'esclavage salarial et de satisfaire ses besoins sans contribuer à un système social injuste, violent et basé sur l'exploitation : « La vraie non-coopération aux forces d'oppression ne peut être efficace que par le moyen du végétalisme, qui fait qu'un homme n'a plus besoin de rien ou presque, qui fait qu'un capitalisme ne trouve plus assez de ressources d'exploitation[6]. »

Reprochant aux révolutionnaires nécrophages et consuméristes de collaborer avec les pouvoirs qu'ils cherchaient à renverser, Rimbault mettait le principe de non-coopération au centre de la transformation de la société. Il ne faut pas attendre une hypothétique

Le végétalisme n'est pas qu'une question d'hygiène alimentaire pour constipés comme le végétarisme, c'est une pratique de non-coopération formelle et absolue contre toutes les forces sur lesquelles repose l'État et ses satellites.

révolution prolétaire, mais mettre immédiatement en pratique les conditions de notre libération en cessant de dépendre d'un système qu'on condamne. Gandhi a d'ailleurs envoyé des représentants visiter Terre libérée pour en apprendre plus sur ce principe de Rimbault.

Loin de considérer le végétalisme comme un simple régime alimentaire ou un consumérisme

Sophie Zaïkowska (1880-1939) a convaincu Georges Butaud (1868-1926) des bienfaits du végétalisme pour les humains et les animaux. Ils fondent plusieurs communautés anarchistes autogérées en France, dont le milieu libre de Vaux (1902 à 1907) notamment soutenu par Élisée Reclus et le milieu libre de Bascon en 1911, une communauté végétalienne.

« L'individualiste anarchiste éclairé pratiquant le végétalisme transforme le milieu en se transformant lui-même... Sois végétalien ! Libère-toi ! »

Louis Rimbault, 1877-1949.

éthique, Rimbault voit les végétaliens comme des « anarchistes en action » : Le végétalisme n'est pas qu'une question d'hygiène alimentaire pour constipés comme le végétarisme, c'est une pratique de non-coopération formelle et absolue contre toutes les forces sur lesquelles repose l'État et ses satellites : Église, Argent, Salariat, Armée, Justice[7]. »

Véganes, écolos et décroissants avant l'heure, ces anarchistes s'abstenaient de consommer des produits de luxe ou importés (café, thé, sucre, alcool, tabac, chocolat, etc.) puisque ces produits créent des dépendances et de faux besoins, imposant le salariat tout en alimentant les guerres de ressources.

Christiane Bailey est doctorante en philosophie et spécialisée en études animales critiques.

3 G. Butaud, « Les conséquences pratiques du végétalisme intégral sur l'évolution individuelle et sociale », *Le Néo-Naturien*, n° 8, novembre 1922 (*Invariance*, vol. 1, n° 9, p. 248).
4 Louis Rimbault, « Le problème de la viande. Point de vue moral », *Le Néo-Naturien*, n° 9, décembre-janvier 1923. (*Invariance*, vol. 1, p. 269).
5 Louis Rimbault, novembre 1929, Fonds Armand, 14 AS 400, cité par Pierre Shalazz, *Louis Rimbaud et Terre Libérée – 1923-1949 – École de pratique végétalienne et de retour à la terre*, Les brochures de l'En Dehors, 2005.
6 Cité par Donatien Leroy, « Terre Libérée, une cité veg'anarchiste », *Battements de Loire*, 15 mai 2015.
7 Louis Rimbault, cité par Pierre Shalazz, *Louis Rimbaud et Terre Libérée – 1923-1949 – École de pratique végétalienne et de retour à la terre*, Les brochures de l'En Dehors, 2005. p. 24.

Références

« Naturiens, végétariens, végétaliens et crudivégétaliens dans le mouvement anarchiste français (1895-1938) », *Invariance*, supplément au n° 9, série IV, vol. 1 (juillet 1993) et vol. 2 (janvier 1994).

Marjolaine Jolicœur, « Histoire des végétaliens anarchistes », *Journal Ahimsa*, 13 mai 2010.

Tony Legendre, *Expériences de vie communautaire anarchiste en France : le milieu libre de Vaux, Aisne, 1902-1907, et la colonie naturiste et végétalienne de Bascon, Aisne, 1911-1951*, Éditions libertaires, 2006.

Donatien Leroy, « Terre Libérée, une cité veg'anarchiste », *Battements de Loire*, 15 mai 2015.

Pierre Shalazz, *Louis Rimbaud et Terre Libérée – 1923-1949 – École de pratique végétalienne et de retour à la terre*, Les brochures de l'En Dehors, 2005.

Élisée Reclus (1830-1905)

Géographe anarchiste, végétarien, Élisée Reclus est le fondateur avec Kropotkine de l'anarchisme écologiste.

« Une de mes fortes impressions d'enfance est d'avoir assisté à l'un de ces drames ruraux : l'égorgement d'un cochon, accompli par toute une population insurgée contre une bonne vieille, ma grand'tante, qui ne voulait pas consentir au meurtre de son gras ami. De force la foule du village avait pénétré dans le parc à cochon ; de force elle emmenait la bête à l'abattoir rustique où l'attendait l'appareil d'égorgement, tandis que la malheureuse dame, affalée sur un escabeau, pleurait des larmes silencieuses. Je me tenais à côté d'elle et je voyais ces pleurs, ne sachant si je devais compatir à sa peine ou croire avec la foule que l'égorgement du porc était juste, légitime, commandé par le bon sens aussi bien que par le destin. »

Ce n'est point une digression de mentionner les horreurs de la guerre à propos des massacres de bétail et des banquets pour carnivores.

« Il n'est pas besoin d'aller dans telle Porcopolis de l'Amérique du Nord ou dans un saladero de La Plata pour y contempler l'horreur des massacres qui constituent la condition première de notre nourriture habituelle. Mais ces impressions s'effacent avec le temps : elles cèdent à cette éducation funeste de tous les jours qui consiste à ramener l'individu vers la moyenne, en lui enlevant tout ce qui en fait un être original, une personne. Les parents, les éducateurs, officiels et bénévoles, les médecins, sans compter le personnel si puissant qu'on appelle "tout le monde", travaillent de concert à endurcir le caractère de l'enfant à l'égard de cette "viande sur pied", qui pourtant aime comme nous, sent comme nous. »

« Cette morale est qu'il y a deux droits des gens, l'un qui s'applique aux jaunes, l'autre qui est le privilège des blancs. Assassiner, torturer les premiers semble désormais permis, tandis qu'il serait mal de le faire aux seconds. Mais à l'égard des animaux, la morale n'est-elle pas également élastique ? En excitant les chiens à déchirer le renard, le gentilhomme apprend à lancer ses fusiliers sur le Chinois qui fuit. Les deux chasses ne sont qu'un seul et même sport. [...] Ce n'est point une digression de mentionner les horreurs de la guerre à propos des massacres de bétail et des banquets pour carnivores. Le régime d'alimentation correspond bien aux mœurs des individus. »

« Y a-t-il donc si grande différence entre le cadavre d'un bœuf et celui d'un homme ? Les membres coupés, les entrailles entremêlées de l'un et de l'autre se ressemblent fort : l'abattage du premier facilite le meurtre du second, surtout quand retentit l'ordre du chef et que l'on entend de loin les paroles du maitre couronné : "Soyez impitoyables". »

Extraits de « À propos du végétarisme », dans *La Réforme alimentaire*, vol. V, n° 3, mars 1901, p. 37-45. Le texte intégral est disponible sur Gallica.bnf.fr (d'abord paru en anglais : *On Vegetarianism*, dans *The Humane Review* [Londres], janvier 1901, p. 316–324).

Photo Nadar, circa 1900

Voltaire (1763)

Renan Larue

Voltaire est sans aucun doute l'historien, le dramaturge, le poète et surtout le philosophe le plus influent et le plus célèbre du XVIIIe siècle. Son nom restera toujours associé au courant des Lumières, ce mouvement intellectuel qui a bouleversé non pas seulement l'Europe, mais le monde occidental. C'est au XVIIIe siècle que les premiers plaidoyers féministes, que les premiers réquisitoires contre l'esclavage, que les appels à la tolérance religieuse et à l'égalité politique des individus se font entendre. Le XVIIIe siècle est aussi le siècle de la « renaissance » de l'éthique animale en Occident. Ce n'est donc pas un hasard si de nombreux penseurs des Lumières, et Voltaire le premier, évoquent positivement et même exaltent le régime végétal.

Comme beaucoup de ses contemporains, Voltaire est horrifié du sort que l'on réserve aux animaux et se dit bouleversé par la tranquille indifférence de ceux qui les mangent. « Qu'y a-t-il pourtant de plus abominable que de se nourrir continuellement de cadavres ? » se demande-t-il par exemple dans *Il faut prendre un parti* (1775).

Dans un autre de ses textes, Voltaire imagine une conversation que tiendraient un chapon (un coq castré) et une poularde (une poule à qui on a arraché les ovaires). C'est ce dialogue, paru en 1763, dont nous reproduisons ici de longs extraits. Les deux volatiles y discourent de la violence dont font preuves les humains entre eux et, surtout, envers les animaux.

Voltaire, qui est un ennemi notoire de l'Église, ne résiste jamais à en dire du mal. Ici comme ailleurs, il veut voir dans le christianisme la principale cause des malheurs du monde occidental. À travers le chapon et la poularde, il vante à l'inverse la douceur et les coutumes des hindous. Il rappelle que c'est en Inde que le mathématicien et philosophe Pythagore (VIe siècle av. J.-C.) aurait voyagé dans sa jeunesse. C'est là-bas qu'il aurait appris le respect que l'on doit aux animaux non humains. En rentrant chez lui, en Grèce, Pythagore aurait fait la promotion du mode de vie végétarien et peut-être même végane. L'école philosophique qu'il a fondée a connu pendant de longs siècles un succès considérable. Dans l'Antiquité, nombre de penseurs pythagoriciens ont promu la non-violence à l'endroit des animaux. L'un d'entre eux, Porphyre (IIIe siècle apr. J.-C.), a même composé un remarquable traité sur la question, le *Traité de l'abstinence de viande*.

Le dialogue du chapon et de la poularde, texte ironique, mordant, sombre et cruel, a longtemps embarrassé les spécialistes de Voltaire, parce qu'on a longtemps considéré que le respect des animaux était un sujet peu digne de considération. On ne croyait pas Voltaire capable de « s'abaisser » à prendre le parti des créatures les plus vulnérables. Son souci des animaux, qui transparait clairement ici, est pourtant tout à son honneur. Cela contribue d'autant plus à faire de Voltaire l'un des penseurs les plus humains et les plus clairvoyants de son siècle.

Renan Larue enseigne la littérature française et les *vegan studies* à l'Université de Californie à Santa Barbara. Il a notamment publié *Le végétarisme et ses ennemis : vingt-cinq siècles de débats* (PUF, 2015).

Le Dialogue du chapon et de la poularde (extraits)

LE CHAPON — Eh, mon Dieu ! ma poule, te voilà bien triste, qu'as-tu ?

LA POULARDE — Mon cher ami, demande-moi plutôt ce que je n'ai plus. Une maudite servante m'a prise sur ses genoux, m'a plongé une longue aiguille dans le cul, a saisi ma matrice, l'a roulée autour de l'aiguille, l'a arrachée et l'a donnée à manger à son chat. Me voilà incapable de recevoir les faveurs du chantre du jour, et de pondre.

LE CHAPON — Hélas ! ma bonne, j'ai perdu plus que vous ; ils m'ont fait une opération doublement cruelle : ni vous ni moi n'aurons plus de consolation dans ce monde ; ils vous ont fait poularde, et moi chapon. La seule idée qui adoucit mon état déplorable, c'est que j'entendis ces jours passés, près de mon poulailler, raisonner deux abbés italiens à qui on avait fait le même outrage afin qu'ils pussent chanter devant le pape avec une voix plus claire. Ils disaient que les hommes avaient commencé par circoncire leurs semblables, et qu'ils finissaient par les châtrer : ils maudissaient la destinée et le genre humain.

LA POULARDE — Quoi ! c'est donc pour que nous ayons une voix plus claire qu'on nous a privés de la plus belle partie de nous-mêmes ?

LE CHAPON — Hélas ! ma pauvre poularde, c'est pour nous engraisser, et pour nous rendre la chair plus délicate.

LA POULARDE — Eh bien ! quand nous serons plus gras, le seront-ils davantage ?

LE CHAPON — Oui, car ils prétendent nous manger.

LA POULARDE — Nous manger ! ah, les monstres !

LE CHAPON — C'est leur coutume ; ils nous mettent en prison pendant quelques jours, nous font avaler une pâtée dont ils ont le secret, nous crèvent les yeux pour que nous n'ayons point de distraction ; enfin, le jour de la fête étant venu, ils nous arrachent les plumes, nous coupent la gorge, et nous font rôtir. On nous apporte devant eux dans une large pièce d'argent ; chacun dit de nous ce qu'il pense ; on fait notre oraison funèbre : l'un dit que nous sentons la noisette ; l'autre vante notre chair succulente ; on loue nos cuisses, nos bras, notre croupion ; et voilà notre histoire dans ce bas monde finie pour jamais.

LA POULARDE — Quels abominables coquins ! je suis prête à m'évanouir. Quoi ! on m'arrachera les yeux ! on me coupera le cou ! je serai rôtie et mangée ! Ces scélérats n'ont donc point de remords ?

LE CHAPON — Non, m'amie ; les deux abbés dont je vous ai parlé disaient que les hommes n'ont jamais de remords des choses qu'ils sont dans l'usage de faire.

LA POULARDE — La détestable engeance ! Je parie qu'en nous dévorant ils se mettent encore à rire et à faire des contes plaisants, comme si de rien n'était.

LE CHAPON — Vous l'avez deviné ; mais sachez pour votre consolation (si c'en est une) que ces animaux, qui sont bipèdes comme nous, et qui sont fort au-dessous de nous, puisqu'ils n'ont point de plumes, en ont usé ainsi fort souvent avec leurs semblables. [...]

LA POULARDE — Il est juste qu'une espèce si perverse se dévore elle-même, et que la terre soit purgée de cette race. Mais moi qui suis paisible, moi qui n'ai jamais fait de mal, moi qui ai même nourri ces monstres en leur donnant mes œufs, être châtrée, aveuglée, décollée, et rôtie ! Nous traite-t-on ainsi dans le reste du monde ?

LE CHAPON — Les deux abbés disent que non. Ils assurent que dans un pays nommé l'Inde, beaucoup plus grand, plus beau, plus fertile que le nôtre, les hommes ont une loi sainte qui depuis des milliers de siècles leur défend de nous manger ; que même un nommé Pythagore, ayant voyagé chez ces peuples justes, avait rapporté en Europe cette loi humaine, qui fut suivie par tous ses disciples. Ces bons abbés lisaient Porphyre, le Pythagoricien, qui a écrit un beau livre contre les broches.

Ô le grand homme ! le divin homme que ce Porphyre ! Avec quelle sagesse, quelle force, quel respect tendre pour la divinité il prouve que nous sommes les alliés et les parents des hommes ; que Dieu nous donna les mêmes organes, les mêmes sentiments, la même mémoire, le même germe inconnu d'entendement qui se développe dans nous jusqu'au point déterminé par les lois éternelles, et que ni les hommes ni nous ne passons jamais ! En effet, ma chère poularde, ne serait-ce pas un outrage à la divinité de dire que nous avons des sens pour ne point sentir, une cervelle pour ne point penser ? Cette imagination digne, à ce qu'ils disaient, d'un fou nommé Descartes, ne serait-elle pas le comble du ridicule et la vaine excuse de la barbarie ?

Aussi les plus grands philosophes de l'antiquité ne nous mettaient jamais à la broche. Ils s'occupaient à tâcher d'apprendre notre langage, et de découvrir nos propriétés si supérieures à celles de l'espèce humaine. Nous étions en sureté avec eux comme dans l'âge d'or. Les sages ne tuent point les animaux, dit Porphyre ; il n'y a que les barbares et les prêtres qui les tuent et les mangent. [...]

LA POULARDE — Eh, mon Dieu ! ne vois-je pas venir ce vilain marmiton de cuisine avec son grand couteau ?

LE CHAPON — C'en est fait, m'amie, notre dernière heure est venue ; recommandons notre âme à Dieu.

LA POULARDE — Que ne puis-je donner au scélérat qui me mangera une indigestion qui le fasse crever ! Mais les petits se vengent des puissants par de vains souhaits, et les puissants s'en moquent.

LE CHAPON — Aïe ! on me prend par le cou. Pardonnons à nos ennemis.

LA POULARDE — Je ne puis ; on me serre, on m'emporte. Adieu, mon cher chapon.

LE CHAPON — Adieu, pour toute l'éternité, ma chère poularde.

Refuge RR. Photo Katya Konioukhova

Refuge RR. **Photo** Katya Konioukhova

La pisciculture : une industrie en plein essor

Pierre Sigler

Les animaux aquatiques constituent de loin les victimes les plus nombreuses de l'exploitation animale. Alors que le volume des pêches est resté à peu près stable ces 25 dernières années (autour de 92 millions de tonnes par an), la production aquacole connait un accroissement considérable et passera selon la FAO le cap des 100 millions de tonnes d'ici 2025. Que savons-nous de cette industrie ?

Les poissons élevés en plus grand nombre sont de loin les nombreuses espèces de carpes, avec plus de 25 millions de tonnes ; on en consomme peu en Occident. Viennent ensuite les tilapias et les saumons.

C'est en Norvège que débute l'élevage des saumons atlantiques, en 1970. Ce pays produit encore aujourd'hui plus de la moitié de l'offre mondiale.

Les fjords, d'anciens canyons glaciaires recouverts par la mer, sont particulièrement adaptés à l'élevage des saumons : leur température convient à ces poissons d'eaux froides. Ils sont très profonds, plus de 1 000 m, ce qui affranchit du problème des déjections. Ils sont parcourus de courants qui assurent une bonne oxygénation des cages et l'eau y est aussi calme que celle d'un lac, autorisant des constructions au niveau de l'eau. On en trouve dans les régions subarctiques et subantarctiques, comme le Chili.

Les saumons

L'élevage des saumons, qui produit chaque année de 300 à 500 millions d'individus, se déroule en trois étapes. Tout d'abord, les gamètes mâles et femelles sont récoltés et mélangés par les humains : les alevins naissent au bout de 7 à 8 semaines (selon la température de l'eau) et pèsent 0,2 g.

Ensuite, jusqu'à ce qu'ils acquièrent la capacité à vivre en eau salée (la smoltification), les juvéniles grandissent en eau douce dans des bassins ou des canaux installés sur des rivières. En éclairage naturel, 18 mois s'écoulent entre la naissance et la smoltification, qui a lieu au printemps. Avec des lampes, on peut créer un été artificiel en hiver et accélérer la croissance des juvéniles, qui deviennent des smolts au bout d'un an seulement, en automne. On étale ainsi la production de saumons sur toute l'année.

À travers les tuyaux translucides, on voit que la majorité des poissons nagent désespérément à contrecourant. Les poissons aussi connaissent l'angoisse du transport.

L'engraissement, enfin, se déroule en mer et dure entre 12 et 18 mois. Les jeunes smolts sont entassés dans des cages rectangulaires de 25 × 25 × 33 m, ou circulaires de même profondeur. Chacune de ces cages contient 50 000 saumons, ce qui laisse à chacun de ces poissons voyageurs l'équivalent d'une demi-baignoire d'eau d'espace. Les courants marins leur permettent de nager un peu, en faisant du sur place – juste de quoi développer leur musculature. Les élevages de truites sont plus concentrationnaires encore.

Les employé.e.s ne perçoivent qu'une masse qui réagit au moment des repas, et n'ont de contact qu'avec les individus morts : chaque matin une pompe fait remonter les cadavres tombés au fond des cages.

Les saumons sont en effet soumis à un stress intense. La promiscuité favorise le développement des poux de mer, des crustacés parasites qui dévorent leur peau et aspirent leur sang. Les plaies ouvertes par les poux favorisent les infections virales et bactériennes, comme celles qui ont décimé les élevages chiliens à la fin des années 2000. Il n'est pas rare de voir des saumons renoncer à vivre : ils cessent de s'alimenter, de bouger, se laissent mourir. À l'autopsie, on trouve les marqueurs biologiques d'une dépression sévère : taux de cortisol (l'hormone du stress) très élevé et circuits sérotoninergiques déréglés.

L'élevage des tilapias

Ce n'est qu'au cours de la deuxième moitié du XXe siècle qu'a été inventé l'élevage moderne des tilapias, fondé sur une compréhension fine de leur physiologie et sur une sélection génétique rigoureuse. Ce poisson a les qualités requises pour un élevage de masse : il a une chair ferme, blanche et neutre (donc adaptée à tous les gouts). Il tolère par ailleurs une forte densité, est très résistant, atteint en 200 jours son poids commercial et, comme les cochons, peut manger de tout.

Son seul défaut : les femelles sont des « mères poules », qui couvent leurs œufs dans leur bouche et qui, après l'éclosion, hébergent également les alevins dans leur bouche. Pendant ce temps, elles ne mangent pas et perdent du poids. Elles pondent peu, mais la mortalité infantile est faible chez les alevins, qui deviennent de nouvelles bouches à nourrir.

Seuls les mâles, plus rentables, sont utilisés en élevage intensif. La méthode la plus répandue consiste à traiter les alevins à la testostérone pour qu'ils deviennent tous des mâles. Une autre méthode consiste à produire des « supermâles », des pères au profil génétique si particulier qu'ils n'ont pour descendants que des mâles. Ces mâles, produits en masse, sont vendus aux éleveurs.

L'élevage de tilapias est, avec l'élevage des crevettes, le plus intensif des élevages : la densité atteint couramment 150 kg par m^3, soit 3 litres par poisson de 500 grammes ! Les images sont invraisemblables, une masse grouillante de bulles, d'eau et de poissons, le bruit omniprésent des machines, des tilapias serrés comme des sardines, une eau marécageuse, et pour cause : malgré le filtrage, les tilapias nagent et respirent littéralement dans leurs déjections.

On en a produit 3,7 millions de tonnes en 2014, soit une dizaine de milliards d'individus.

Comment nourrir les poissons d'élevage ?

La plupart des espèces élevées se contentent de végétaux. Les salmonidés, en revanche, sont carnivores et dépendent ainsi de la pêche minotière (pêche de petits poissons pour fabriquer de la farine et de l'huile de poisson). Tandis que la pêche minotière stagnait, l'élevage se développait : on a alors substitué une part de plus en plus grande de farine de poisson pêché par de la farine de déchets de découpe de poisson et par des farines d'oléagineux (soja exclu, car les saumons et les truites le supportent mal). Le facteur limitant est l'huile de poisson, qu'on ne peut que partiellement remplacer par de l'huile végétale. À l'heure actuelle, il faut en moyenne 0,7 kg de poisson pêché (hors huile) pour faire 1 kg de saumon maigre et 1,3 kg d'huile de poisson pour faire 1 kg d'huile de saumon.

La pêche minotière pose un problème éthique supplémentaire : les poissons « de fourrage » étant très petits, il faut par exemple sacrifier des centaines d'anchois du Pérou pour nourrir un seul saumon d'élevage.

L'abattage

Une fois la taille commerciale atteinte (environ 3,5 kg pour les saumons, 500 à 800 g pour les tilapias), les poissons sont préparés pour l'abattage. Pour vider leurs entrailles, on les fait jeuner une dizaine de jours. Au désagrément de la faim s'ajoute l'angoisse : toute leur vie la nourriture est tombée du ciel à heure fixe, son absence bouleverse leur univers.

Au jour fatidique, soit les bassins sont simplement vidés, soit les poissons sont récoltés avec un filet ou avec une pompe (après avoir été poussés dans un coin de la cage). À travers les tuyaux translucides, on voit que la majorité des poissons nagent désespérément à contrecourant. Les poissons aussi connaissent l'angoisse du transport.

Il n'est pas rare de voir des saumons renoncer à vivre : ils cessent de s'alimenter, de bouger, se laissent mourir.

La plupart des poissons d'élevage sont tués comme les poissons pêchés : par asphyxie. Parfois on les plonge dans la glace, ce qui, dans le cas des salmonidés, prolonge leur agonie et augmente leur stress. L'asphyxie sur glace est la méthode d'abattage la plus courante des truites.

Production halieutique et aquacole mondiales

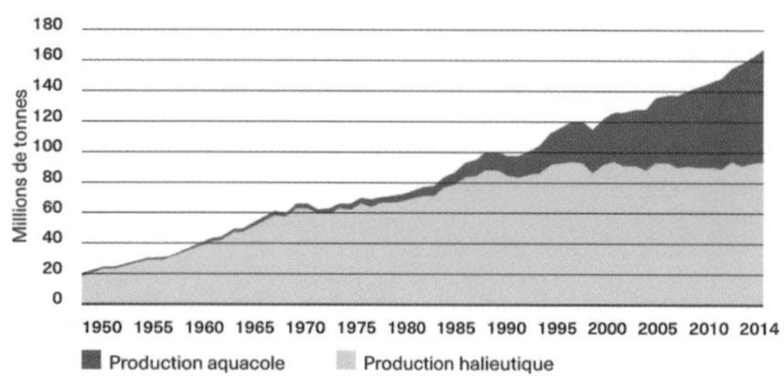

Source : rapport de la FAO (2016) : *La situation mondiale des pêches et de l'aquaculture.*

La Norvège fait figure d'exception : sa législation impose l'étourdissement préalable, par percussion mécanique ou électrocution (la plus utilisée). Dans ce cas, le tuyau débouche sur un abattoir, qui peut être sur la terre ferme (auquel cas le voyage en tuyau peut être très long), ou, pour les élevages *offshores*, sur un bateau qui s'arrime à l'élevage. Dès leur sortie du tuyau, les poissons désorientés plongent directement dans le bain électrique, qui les assomme et déclenche une crise convulsive. Une pelle grillagée ramasse les corps et les dépose sur un tapis roulant. Une fois les convulsions passées, les tueurs plongent leurs couteaux dans les branchies pour sectionner les artères branchiales afférentes. C'est la saignée qui entraine un arrêt cardiaque et la mort.

Quand les poissons sont simplement asphyxiés, leur agonie peut durer plus de 10 minutes et certains sont encore conscients au moment de la découpe.

Vers une considération morale des animaux aquatiques

L'aquaculture connait une croissance plus rapide que l'élevage d'animaux terrestres et, même sans compter les crevettes, elle concerne davantage d'individus. Il nous faut trouver les moyens de contrecarrer son expansion. L'association suisse Pour l'Égalité Animale travaille actuellement sur une campagne internationale au sujet des animaux aquatiques. Le défi est de taille : il s'agit d'amorcer un débat mondial sur l'une des questions morales les plus importantes de notre époque, du fait du nombre incommensurable d'individus sentients concernés. Mais comme le rappelle PEA : si nous ne leur prêtons pas notre voix, qui les entendra ? Et si nous n'agissons pas aujourd'hui, quand agirons-nous ?

Pierre Sigler est actuellement en train d'écrire un livre sur les poissons avec Catherine Hélayel.

Bibliographie

EFSA (2009). « Species-specific welfare aspects of the main systems of stunning and killing of farmed Atlantic Salmon: Species-specific welfare aspects of the main systems of stunning and killing of farmed Atlantic Salmon. » *EFSA Journal*, 7(4), p. 1011 et 1012.

M. E. Lien (2015). *Becoming salmon: aquaculture and the domestication of a fish.* Oakland, California: University of California Press.

J. S. Lucas and P. C. Southgate eds. (2012). *Aquaculture: farming aquatic animals and plants.* 2. ed. Oxford: Wiley-Blackwell.

A. Mood and P. Brook (2012). Estimating the Number of Farmed Fish Killed in Global Aquaculture Each Year.

M. A. Vindas *et al.* (2016). « Brain serotonergic activation in growth-stunted farmed salmon: adaption versus pathology. » *Royal Society Open Science*, 3(5), p. 160030.

Et si on parlait trop de la souffrance des animaux?

Frédéric Côté-Boudreau

Réfléchir à l'autonomie des animaux non humains peut sembler bien frivole au regard des souffrances qu'ils endurent. Pourtant, à ne les considérer qu'en tant qu'êtres capables de souffrir, on manque sans doute l'essentiel.

Mes recherches doctorales en philosophie portent sur le concept d'autonomie que j'essaie, entre autres, d'appliquer aux animaux non humains. Je crois en effet que ces derniers ont, tout comme les humains (du moins, en théorie), le droit de faire les choix en ce qui concerne les pans fondamentaux de leur vie – le choix, entre autres, de déterminer où vivre, avec qui développer des relations et quoi faire de leurs journées. Je m'inspire également de la théorie de la citoyenneté animale développée par Sue Donaldson et Will Kymlicka qui suggère notamment de considérer les animaux domestiqués comme des membres à parts égales des sociétés humaines – ou plutôt, sociétés mixtes humaines-animales. Il importe donc de les voir comme des citoyens ayant le droit de participer à la vie sociale et politique de leur communauté ainsi que le droit d'influencer le vivre-ensemble et de façonner l'espace public à leur image.

C'est bien beau tout ça, me dit-on, mais toutes ces questions et ambitions ne sont-elles pas frivoles, voire déplacées et indécentes, dans un monde qui tue chaque année des milliards d'êtres sensibles et qui ne sait pas reconnaitre la différence morale entre un verre de jus d'orange et un verre de lait de vache ? À l'ère où l'élevage industriel est dominant, où la consommation de produits animaux augmente sans cesse à travers la plupart des pays et où le nombre global d'animaux exploités risque de doubler d'ici le milieu du siècle, parler d'autonomie, d'autodétermination, de citoyenneté et de cohabitation ne représente-t-il pas un manque flagrant du sens des priorités ?

Je ne pense pas. Je suis convaincu que, plus que jamais, ces enjeux sont importants et que leur absence relative dans le discours et les stratégies du mouvement animaliste constitue un frein à l'avènement d'un monde juste et pacifique envers ces autres animaux. Oh, croyez-moi bien, je veux plus que tout que l'on cesse de les tuer, de les faire souffrir et de les exploiter ; ces injustices me tourmentent chaque jour et chaque nuit. Et pourtant, je sens que pour atteindre l'objectif de mettre fin à ces violences, il nous faut attaquer le problème à la source, en profondeur, et avoir l'audace de nos ambitions – oser en demander plus sans nous limiter à l'absolue exigence du moment. En un mot, il nous faut aider la société à revoir sa conception même de ce qu'est un animal. Et un animal, c'est plus qu'un être qui souffre.

De l'importance du plaisir

La moralité ordinaire (spéciste) reconnait déjà que les animaux sont capables de souffrir et qu'il est condamnable de leur faire du mal. La vaste majorité des gens souhaite l'éviter et elle est troublée lorsqu'elle en apprend davantage au sujet des pratiques des industries. Il semble pourtant que le simple désir de vouloir éviter ces souffrances ne suffise pas à instaurer des changements importants de société quant à nos rapports avec les autres animaux. Tant que nous considérerons qu'il est acceptable d'exploiter des individus non humains pour des bénéfices humains, il sera aisé de négliger leur condition et il sera normal de tourner les coins ronds ; l'amélioration de leur sort passera toujours après les marges de profit et la satisfaction de la clientèle.[1] Or, démontrer que les animaux sont maitres d'eux-mêmes et que leur vie leur appartient remet directement en question l'idée que nous pouvons les posséder et que nous avons le droit de décider quoi faire d'eux. Et c'est ce mythe du droit à la propriété de leur corps et des fruits de leur corps qui perpétue ces violences en premier lieu. Autrement, comment peut-on espérer accomplir des avancées significatives en matière de justice animale dans un monde qui continue à les traiter et à les percevoir comme des biens meubles mis à notre disposition ?[2]

Les animaux, comme nous tous, ne cherchent pas uniquement à fuir la douleur : ils recherchent aussi le plaisir et le confort.

Il existe même des risques à tout le temps parler de la souffrance animale. En effet, cela peut renforcer le préjugé selon lequel lorsqu'il n'y a pas de souffrance, il n'y a pas de mal. On laisse ainsi entendre que « viande heureuse » et « élevé en liberté » ne sont pas des oxymores et qu'il est possible d'à la fois aimer et tuer quelqu'un (et le tuer alors qu'il est encore tout jeune et en bonne santé). On voit difficilement pourquoi il est mal de tuer « sans douleur » et « dans le respect » – après tout, ils ne souffrent pas (ou pas trop), où est le problème ?

Parler exclusivement de la souffrance des animaux laisse aussi l'impression qu'ils sont des êtres passifs, ne faisant que subir.

Le problème est que les animaux, comme nous tous, ne cherchent pas uniquement à fuir la douleur : ils

Illustration Julien Castanié

recherchent aussi le plaisir et le confort.[3] Et leurs plaisirs peuvent être très variés, non seulement en fonction de l'espèce, mais aussi en fonction de l'individu : ils peuvent trouver un plaisir dans la nourriture, le jeu, les activités sexuelles, à rencontrer un partenaire (ou des partenaires) de vie ou de saison, à être en groupe, à s'occuper de leur progéniture, à explorer, à résoudre certaines énigmes pratiques, à se reposer sous le soleil ou à l'abri, à se baigner, et j'en passe. Qui a un intérêt à vivre du plaisir a un intérêt à continuer de le vivre – alors que se faire tuer, même sans douleur ni angoisse de l'anticipation de la mort, constitue un tort irréparable à la capacité de continuer à profiter de ces plaisirs. C'est pourquoi il importe d'expliquer que la mort n'est pas grave à cause de sa souffrance, mais bien parce qu'elle prive un individu de jouir du bien le plus précieux qu'il a : la capacité à jouir des opportunités de la vie.

La mort constitue un tort irréparable à la capacité de continuer à profiter de ces plaisirs. C'est pourquoi il importe d'expliquer que la mort n'est pas grave à cause de sa souffrance, mais bien parce qu'elle prive un individu de jouir du bien le plus précieux qu'il a : la capacité à jouir des opportunités de la vie.

Choisir sa vie plutôt que la subir

Mais il y a plus. Même la présence de plaisir ne suffit pas à indiquer qu'il n'y a pas eu d'injustice. Qu'on nous montre ou qu'on nous parle d'animaux heureux n'implique pas qu'il n'y a plus de problème moral. Les exemples dans les cas humains sont assez univoques : on peut imaginer des esclaves heureux[4] ou se rappeler du protagoniste du *Truman Show* ou les populations dans *Le meilleur des mondes*. Même dans notre monde réel, il n'est pas rare que des opprimés soutiennent leur propre oppression et résistent à leur libération ; il arrive aussi qu'ils aient simplement perdu l'intérêt à dénoncer leur situation.[5] Dans tous les cas, le simple bonheur ou l'acceptation de la condition des individus concernés n'épuise pas les questions morales à aborder. Il en va de même pour les individus non humains : leur apparent bonheur est peut-être le résultat d'une résignation, d'une résilience face à une nouvelle situation ou d'un manque d'options. Surtout, cela n'indique aucunement quels auraient été leurs choix s'ils avaient eu la liberté de choisir à leur guise.

Parler exclusivement de la souffrance des animaux laisse aussi l'impression qu'ils sont des êtres passifs, ne faisant que subir. On néglige alors d'importantes dimensions de leur personne, notamment leur capacité à communiquer, à contester, à se définir et à faire leurs propres choix. On oublie qui ils sont et ce qu'ils veulent réellement. On peine alors à percevoir que les animaux sont constamment en train de communiquer avec nous et de nous donner des signes de leurs préférences et de leur état. On les désigne comme des « sans voix » alors qu'ils hurlent et gémissent[6] ou nous montrent leur excitation. Mais pourra-t-on vraiment prendre au sérieux les animaux si nous ne prenons pas la peine d'écouter ce qu'ils ont à nous dire ?

Loin de moi l'idée qu'il faille cesser de parler des conditions d'exploitation et des violences directes et indirectes qui sont infligées aux animaux. Le danger est plutôt de s'en tenir là et de ne pas profiter de l'occasion pour remettre en question la conception de ce qu'est un animal : un être pas tant différent de l'humain, un égal qui cherche à tirer profit de cette vie sur Terre. En ce sens, pour mettre fin à ces souffrances, il nous faut encourager nos camarades humains à prendre le temps d'essayer de comprendre et d'écouter ces animaux qu'ils exploitent.

Frédéric Côté-Boudreau est doctorant en philosophie à Queen's University, membre du Réseau JASE et de la Fondation Po, et tient également le blogue coteboudreau.com

1 Il s'agit d'une des thèses de Gary Francione, entre autres spécialistes de la question.
2 De ce point de vue, les derniers changements des Codes civils français et québécois quant au statut juridique de l'animal ne changent rien à la chose : les animaux demeurent des marchandises… capables de souffrir.
3 Voir par exemple les travaux de l'éthologue Jonathan Balcombe.
4 Voir par exemple les travaux de l'éthologue Jonathan Balcombe.
5 Je ne crois pas que cela implique qu'il faille soit les forcer à être libérés, soit les laisser perpétuer leur état d'oppression. Cette question complexe mériterait toutefois une réflexion à part.
6 Voir les travaux de Jason Hribal au sujet de la résistance animale.

VegOresto végétalise la gastronomie française

Gwendoline Yzèbe

L'association L214 a lancé une mobilisation d'un nouveau genre : VegOresto. Ce projet incite les restaurants dits traditionnels à réaliser un menu 100 % végétal. Cela fait deux ans que des repas 100 % végétaux réjouissent les français.e.s, surtout celles et ceux qui sont membres de la communauté végane.

Au pays du foie gras, des rillettes et du boudin, on se demande s'il est possible de manger végane en dehors de chez soi. La tradition culinaire bien ancrée fait de la cuisine végétale (sans beurre!) une incongruité en France. Pourtant, les végétariens et les véganes sont de plus en plus nombreux. L'angoisse du déjeuner entre collègues ou avec des amis rend leur vie sociale parfois difficile (c'est vrai surtout pour ceux n'habitant pas une grande ville). Ces contraintes rebutent parfois les végés débutants. Manger une salade verte n'a rien de réjouissant et devoir appeler un restaurant en avance pour demander des accommodements n'est pas toujours facile.

Partant de ce constat, l'association L214 a décidé il y a deux ans de lancer une mobilisation d'un nouveau genre basée sur le principe du «carottmob»: VegOresto. À l'instar du boycott, on incite le changement grâce à son porte-monnaie. «Des soirées découvertes sont coorganisées avec des restaurants dits traditionnels qui ne proposent pas d'alternatives végétales habituellement. Nous leur lançons le défi de réaliser un menu 100% végétal, de l'entrée au dessert», explique la coordinatrice de VegOresto, Bérénice Riaux. Lyon, Vannes et Orléans ont été les premières villes à organiser de tels repas.

En général, 40% des convives sont des omnivores curieux de découvrir l'alimentation végétalienne.

Aujourd'hui, à travers la France, du nord au sud et d'est en ouest, 30 villes participent. Ficelle picarde, compotée de fenouil aux pommes sur croute d'amandes, samossas de légumes, millefeuille champêtre et son écume fumée, banoffe cru, mœlleux au chocolat, cheesecake... autant de délices 100% végétaux proposés au cours des 8000 repas servis depuis 2015. Ces soirées sont l'occasion pour le chef de se tester et de découvrir parfois de nouveaux produits, mais également d'attirer une nouvelle clientèle. Véganes, végétariens, flexitariens et omnivores y partagent les mêmes plats. En général, 40% des convives sont des omnivores curieux de découvrir l'alimentation végétalienne. Un argument supplémentaire pour convaincre les restaurants de proposer un menu végétal à leur carte: cette cuisine touche tout le monde. Plus de 500 établissements de restauration sont référencés sur le site vegoresto.fr. De ce nombre, seulement 175 sont 100% végétariens ou véganes. Les autres proposent sur leur carte au moins une entrée, un plat et un dessert végétaliens dont la qualité se doit d'être équivalente aux autres plats de leur menu. «L'offre végétarienne s'est considérablement améliorée ces dernières années dans beaucoup d'établissements. On ne peut pas en dire autant pour celle végétalienne. Il reste encore beaucoup de travail de sensibilisation. Ainsi, tous les consommateurs pourront en profiter!», souligne Émilie, 35 ans, convive à Amiens.

Les diners VegOresto sont aussi l'occasion de partager un moment chaleureux pour les convives. «Je suis allé à plus de dix repas depuis 2 ans avec ma femme qui est végétarienne. Il y a une bonne ambiance et c'est intéressant de découvrir une nouvelle facette des restaurants», raconte André, 72 ans, omnivore curieux habitant à Vannes. Jézebel est végane et habite Grenoble. La trentenaire s'est montrée très enthousiaste dès les débuts de la mobilisation: «Je vais aux soirées pour rencontrer des personnes partageant le même intérêt que moi pour ce mode alternatif de consommation, mais aussi pour le plaisir tout simplement de passer une soirée au restaurant sans avoir à me préoccuper de chaque ingrédient dans mon assiette.» Pour certains convives, c'est aussi un acte militant. Une forme positive d'engagement, plus facile parfois que de tracter, tenir un stand ou participer à une manifestation.

En France, de grands chefs comme Alain Passard, Joël Robuchon ou Alain Ducasse végétalisent leurs plats. Si d'autres ont plus de mal à suivre ce chemin, la médiatisation des actions de L214 en 2016 a amorcé un virage. «De plus en plus de personnes rejoignent L214. La grande distribution sort des alternatives véganes et que l'on aime ou non, ça montre qu'il y a un potentiel de consommateurs», insiste la coordinatrice du projet Bérénice Riaux. «Des restaurants nous contactent directement, car cela répond aussi à une demande croissante de leur clientèle.» La presse relaie également davantage la mobilisation VegOresto: féminine, mais aussi professionnelle avec des supports directement destinés aux hôteliers et aux restaurateurs. L'association n'hésite pas à créer une émulation autour d'évènements nationaux en se rattachant, par exemple, à La Fête de la Gastronomie qui a lieu tous les ans en septembre ou en proposant début décembre des plats sur le thème de Noël. C'est l'occasion de montrer que les repas des fêtes de fin d'année peuvent aussi se préparer sans souffrance animale.

Si VegOresto est un succès, c'est aussi grâce aux bénévoles qui font vivre la mobilisation. Claire, 37 ans, à Angers, Mathilde, 25 ans, à Rennes, Luc, 38 ans, à Narbonne ou bien encore Éric, 43 ans, à Paris, sont les ambassadeurs de VegOresto. Ce sont elles et eux qui démarchent les restaurateurs et gèrent les réservations, la soirée, le questionnaire de satisfaction... Cela demande du temps et de l'organisation, mais tous se sont engagés par conviction : « Ce que je trouve intéressant avec VegOresto, c'est qu'on s'attaque directement à l'offre, on agit à un niveau structurel », souligne Mathilde, 25 ans.

Les restaurateurs référencés ont pris conscience que le végétal est une vraie tendance de fond et non une simple mode. L'argument financier fait souvent mouche, mais certains se montrent également sensibles à la cause animale, aux enjeux environnementaux ou sanitaires. « Je pense que les soirées VegOresto sont une bonne façon de faire prendre conscience à certains restaurateurs du bien fondé du végétal. Il y a des clients ! Des personnes mangeant habituellement de la viande chez moi se sont déjà laissées tenter par un plat végétal », met en avant Christophe Viry, propriétaire du restaurant La Cour des Anges à Colmar. Christophe garde un très bon souvenir de la soirée organisée dans son établissement où il a pu échanger avec les convives. Il est aujourd'hui convaincu que l'alimentation végétale est meilleure pour la santé, par conséquent il ne propose que très peu de plats de viande sur sa carte.

En pleine campagne picarde, à Long, le Comptoir bleu arbore aussi sur sa devanture le macaron VegOresto. Ce bistrot de pays au bord de l'eau a tout pour plaire. Alice, végane, et son mari Dimitri, copropriétaires, ont pu tester un menu 100 % végétal lors d'une soirée VegOresto avant de se lancer dans une carte avec 5 propositions végétaliennes. Ils ont notamment végétalisé des plats qui étaient déjà présents dans leur menu, comme la flamiche, une tarte aux poireaux et à la crème. « Les gens posent souvent des questions en voyant la carte. Ce n'est pas encore très connu à la campagne. Certains omnivores testent. Je pense que ça va être long de faire changer les mentalités, surtout en campagne », commente Dimitri.

En plein territoire du foie gras, à Sarlat, Stéphanie Martel de La Couleuvrine n'a pas hésité à faire référencer son établissement qui proposait déjà des plats végétaliens. Cela provoque la surprise des clients, aussi bien négative que positive. « Je pense que la France a une forte culture culinaire et pendant leur formation, les cuisiniers apprennent les bases de la cuisine française qui n'est pas végétalienne. Ils ne développent pas leur gout pour ce type de recettes. La cuisine est un partage et l'objectif d'un restaurant est d'offrir un moment de plaisir, que l'on soit végétalien ou non », conclut Stéphanie.

Gwendoline Yzèbe est journaliste et auteure de *Vivre Végane* (Le Livre de poche, 2016).

De la vacuité au véganisme – L'éthique animale et le bouddhisme madhyamaka

Antoine Panaïoti

Et si le bouddhisme était un allié du véganisme ? Qu'est-ce que ce courant de pensée dont l'éthique est fondée sur la compassion peut nous apprendre en éthique animale ? Mise au point par un chercheur en philosophie et spécialiste du sujet.

Le bouddhisme ne s'intéresse pas seulement à la souffrance humaine, mais à la souffrance tout court. Ainsi, bien qu'ils divergent sur de nombreux points, tous les courants philosophiques qu'ont engendrés les enseignements de Siddhārtha Gautama (IVe siècle av. J.-C.) promeuvent la compassion et la bienveillance envers tous les êtres sentients. Les bouddhistes peuvent être considérés comme des précurseurs en éthique animale.

Toutefois, en comparaison des développements qu'a connus la philosophie morale contemporaine, force est de constater qu'au fil de l'histoire, ces traditions n'ont que pas suffisamment condamné les pratiques responsables de la souffrance animale – le soutien au végétarisme demeure timide ; si ce n'est dans certaines traditions bouddhistes est-asiatiques, le véganisme n'est jamais évoqué ; le travail animal forcé, à la guerre comme dans les champs, rarement dénoncé. On pourrait donc parler d'un potentiel inexploité : une tradition éthico-philosophique hautement sensible à la souffrance animale, mais qui pour un ensemble complexe de raisons culturelles, sociales et économiques semble n'avoir pas su aller jusqu'au bout de sa pensée.

Mon objectif n'est pas de survoler l'histoire de l'éthique animale en philosophie bouddhiste, encore moins d'expliquer ou de dénoncer l'inconséquence des penseurs bouddhistes à travers les âges, mais plutôt d'imaginer ce que la pensée bouddhiste pourrait aujourd'hui apporter à l'éthique animale. Plus spécifiquement, je vais examiner l'un des enseignements clés de l'importante école philosophique madhyamaka avec une question : comment pourrait-elle contribuer aux débats contemporains ?

La vacuité comme intervention éthico-thérapeutique

De prime abord, la doctrine madhyamaka de la « vacuité » a des allures de critique métaphysique et épistémologique. Le philosophe Nāgārjuna (IIIe siècle apr. J.-C.), fondateur de l'école madhyamaka, déploie une foule d'arguments sophistiqués pour démontrer l'impossibilité logique des notions de substance et de propriété essentielle. La vacuité serait donc l'idée selon laquelle toute présumée « chose » est vide d'existence propre : contrairement aux apparences, le monde ne contient aucun objet persistant et indépendant ni aucune propriété non relationnelle, mais se réduit à un ensemble interdépendant de réseaux de relations entre divers évènements momentanés aux frontières floues.

Sur le plan théorique, la vacuité implique donc un anti-réalisme global intransigeant : tout sectionnement du réel en entités dites « stables » et « distinctes » n'a de validité qu'en vue de la pertinence pratique d'un tel sectionnement ; toute hypostase du devenir évanescent en « êtres » stables n'est jamais qu'une fiction plus ou moins utile en vue de certaines finalités ; toute théorie des propriétés intrinsèques propres à certains types d'existants n'aura tout au mieux qu'une vérité dite d'« usage » et ce seulement si elle est justifiée par des considérations d'ordre pragmatique. En réponse à la question « quel fondement pour l'évaluation pragmatiste de la vérité d'usage ? », les penseurs madhyamakas se contenteront d'évoquer l'axiome éthique qui suit : il convient de minimiser la souffrance sous toutes ses formes, notamment en éliminant les conditions qui y mènent.

Ainsi les penseurs madhyamaka conçoivent-ils la vacuité comme le volet discursif de la grande compassion, vertu cardinale et fondement absolu de tout engagement moral dans un monde souffrant.

Lorsqu'on s'y intéresse de plus près, il apparait donc que la doctrine de la vacuité n'a elle-même de validité qu'en vertu de ses présumés effets éthico-thérapeutiques. La validité logique et la solidité des arguments madhyamakas mises à part, si la vacuité, importe c'est parce qu'elle s'attaque à l'une des sources fondamentales de la souffrance évitable, à savoir certaines dispositions cognitives et affectives malsaines des êtres humains. Si l'être humain lambda ne se représentait pas sa propre existence comme l'existence d'un « soi » fixe, indépendant et porteur d'intérêts ayant priorité sur les intérêts des autres êtres sentients ; s'il ne se représentait pas le monde « externe » comme un monde d'« objets » inessentiels et distincts de lui-même, subordonnés à l'empire de sa princière et nécessaire « subjectivité » ; si des mécanismes de rationalisations systémiques ne lui livraient pas un univers d'entités stables et séparées dont les définitions, significations et valeurs respectives relèvent de l'élaboration d'un schème justificateur *ad hoc* ayant pour fonction de conférer une légitimité factice à son rapport fondamentalement égotiste au monde, alors les efforts philosophiques des penseurs madhyamakas pour démontrer le rôle génératif de la cognition dans la construction de ses objets ne seraient pas nécessaires, ni même justifiés. La vacuité est une intervention éthico-thérapeutique qui cherche à donner aux êtres rationnels et désireux de mettre fin à leur rapport malsain et souvent nuisible au monde des outils philosophiques pour déconstruire divers biais cognitifs et affectifs. Ainsi les penseurs madhyamaka conçoivent-ils la vacuité comme le volet discursif de la grande compassion, vertu cardinale et fondement absolu de tout engagement moral dans un monde souffrant.

Du point de vue de la compassion universelle prônée par l'école madhyamaka, rien ne saurait justifier les horreurs du complexe agroalimentaire moderne.

Ressources pour l'éthique animale

On peut extrapoler de la pensée bouddhiste madhyamaka un certain nombre de ressources pour l'articulation d'une éthique fondée sur la compassion et la bienveillance envers tous les êtres sentients. En premier lieu, l'adepte de la vacuité est appelé à dénoncer l'arbitraire des taxinomies spécistes. Toute distinction supposément « objective », « absolue » ou « naturelle » entre l'être humain d'une part et les autres êtres sentients de l'autre ne saurait survivre à une critique de type madhyamaka. Celle-ci s'efforcera au contraire de démontrer que de nombreux êtres humains sont en fait dépourvus des supposées propriétés essentielles propres au type « humain » alors même que de nombreux êtres non humains les détiennent; elle insistera sur le fait que tout sectionnement des êtres vivants en espèces distinctes ne peut avoir une validité d'usage que si elle a pour fonction de réduire la souffrance, ce qui n'est assurément pas le cas des taxinomies spécistes; et finalement, elle soulignera que les liens d'interdépendance entre espèces vivantes prétendument « distinctes » rendent inopérable tout système éthique qui accorderait une priorité absolue aux intérêts d'un seul type d'êtres vivants.

En second lieu, la psychologie madhyamaka est fortement déflationniste face aux prétentions rationalistes qui alimentent l'exceptionnalisme humain. Si, pour l'être humain lambda, la plus grande partie de ce qui passe pour du raisonnement n'est vraiment que rationalisation; si sa conscience (prétendument unique dans le monde animal) d'un « soi » persistant n'est en fait que le produit d'un délire narcissique; si ses facultés linguistiques et conceptuelles ne participent le plus souvent que d'une légitimation rétroactive de dispositions et d'intérêts égotistes préréflexifs, alors toutes ces qualités que citent les spécistes pour justifier l'exceptionnalisme humain sont en fait gangrenées par une multitude de défauts humains, trop humains. D'où une plus grande humilité pour l'*Homo sapiens*, qui ne tombe pas moins sous l'empire de l'émotion que ses cousins et cousines non humain.e.s.

Finalement, en érigeant le principe de la réduction de la souffrance comme fondement unique de toute pratique appropriée et donc aussi comme critère final pour l'évaluation pragmatique de la « validité » d'un propos, d'une théorie ou d'une praxis, la pensée madhyamaka mène tout droit à un discours éthique fortement axé sur la souffrance évitable, où qu'elle ait lieu. Dans un monde où un nombre toujours croissant d'animaux souffrent aux mains des êtres humains, il est évident que tout discours moral qui ignore ou minimise cette souffrance est inadéquat, insuffisant et injustifié.

Implications pratiques et théoriques

Quelles sont les implications pratiques et théoriques de la pensée madhyamaka en ce qui concerne l'éthique animale ? Sur le plan de la pratique, il va de soi qu'un adepte conséquent de la vacuité, soucieux de réduire la souffrance et l'arbitraire autant que possible, s'astreindra à un régime végétalien tant et aussi longtemps qu'il vivra dans un environnement urbain et développé. Il serait déraisonnable de dénoncer comme immoral les habitudes alimentaires des Inuits ou encore des nomades du plateau tibétain – pour qui un régime omnivore est une nécessité plutôt qu'un choix –, mais, du point de vue de la compassion universelle prônée par l'école madhyamaka, rien ne saurait justifier les horreurs du complexe agroalimentaire moderne. Une éthique animale d'inspiration madhyamaka se ferait aussi l'apôtre d'un développement bioresponsable visant à limiter au maximum les torts subis par divers écosystèmes, voire même d'une décroissance industrielle et économique – la majorité des supposés « besoins matériels » de l'Occidental moyen, après tout, ne sont d'un point de vue madhyamaka que des caprices dont la satisfaction cause bien plus de souffrance qu'elle n'en soulage.

Sur le plan théorique, il convient de souligner que la pensée madhyamaka est irréconciliable avec l'une des idées dominantes en éthique animale : la doctrine d'inspiration libérale selon laquelle chaque animal non humain aurait des droits individuels innés, ou naturels. D'un point de vue madhyamaka, tout réalisme concernant des propriétés individuelles innées, telles que des droits naturels (humains ou non humains), est un produit de la délusion métaphysique atomiste et individuante qui sous-tend l'égotisme humain et tous ses ravages. Certes, il est possible et souvent même désirable de donner des droits (positifs) aux humains comme aux non humains et de s'assurer que ces droits soient implantés de façon équitable, mais lutter pour la reconnaissance de présumés droits naturels ne fait que contribuer à renforcer, sur le plan idéologique, l'individualisme égotiste systémique qui est précisément à la source d'une grande partie de la souffrance évitable que certains êtres vivants infligent à leurs semblables.

Comme le soulignent certaines écoféministes, le discours des « droits naturels animaux » serait donc non seulement métaphysiquement erroné, mais aussi politiquement contre-productif. Ainsi, en éthique animale, la pensée madhyamaka se rapproche-t-elle plutôt des écoles welfaristes ou proches de l'éthique des vertus. Plus précisément, elle propose une approche hybride : l'agent moral ayant atteint le sommet de la vertu en cultivant compassion et bienveillance désintéressée jusqu'au bout est un conséquentialiste welfariste qui cherche à tout prix non pas à respecter les « droits naturels » des autres animaux, mais à réduire, tant que faire se peut, la souffrance, qu'importe les modalités de sa distribution dans le monde. Il s'agit là non pas d'un conséquentialisme de la vertu, mais d'une vertu du conséquentialisme.

Antoine Panaïoti est chercheur en philosophie à l'Université McGill et l'auteur de *Nietzsche and Buddhist Philosophy* (Cambridge University Press, 2012).

Refuge RR. Photo Katya Konioukhova

Références

A. D. Capenter (2014). « Ethics of Substance », *Proceedings of the Aristotelian Society Supplementary*, Vol. LXXXVIII, p. 145–167.

C. Goodman (2009). *Consequences of Compassion: An Interpretation and Defence of Buddhist Ethics*. Oxford : Oxford University Press.

P. Havey (2000). *An Introduction to Buddhist Ethics. Foundation, Values and Issues*. Cambridge, Cambridge University Press.

L. Viévard (2002). *Vacuité (śūnyatā) et compassion (karuṇā) dans le bouddhisme madhyamaka*. Paris : Collège de France.

Un pot-au-feu de chien au pôle Sud

Clémence Laot

Il n'est pas rare que les carnistes usent de l'argument de la banquise (ou de son alternative, l'ile déserte) pour discréditer la démarche des antispécistes : si dans des conditions extrêmes, le végane devait choisir de manger des animaux, alors toute sa démarche serait nulle et non avenue. Dans *Au Pôle Sud*, son journal de bord, l'explorateur norvégien Roald Amundsen raconte comment il a exploité et mangé des chiens de traineau pour conquérir le pôle Sud en 1911. Avait-il le choix ?

Sans chiens, pas de pôle Sud

Amundsen débarque dans la baie des Baleines le 11 janvier 1911 à bord du *Fram* : 19 hommes, 100 chiens et quelques chiots nés en mer viennent de partager six mois de vie ennuyeuse entre la Norvège et la mer de Ross. À son arrivée sur le continent antarctique, l'équipe construit Framheim, le camp de base de l'expédition. Des dépôts de ravitaillement pour les hommes et les chiens sont placés le long de la piste qui sera empruntée vers le pôle. L'hiver austral, au cours duquel les températures avoisinent les -60 °C, est consacré à améliorer matériel et vêtements qui serviront au voyage de 1 300 km séparant Framheim du pôle Sud. Les chiens ont leurs abris et même une maternité pour éviter que les plus gros ne dévorent les nouveau-nés.

Le 19 octobre 1911, l'expédition s'ébranle. Elle arrive au pôle Sud le 14 décembre, après avoir franchi une barrière rocheuse de 3 200 m d'altitude. Pour comprendre les risques encourus, rappelons-nous qu'au même moment une autre expédition échoue dans la même entreprise : celle du Britannique Robert Falcon Scott, qui a choisi de suivre la piste déjà tracée par Ernest Shackleton deux ans plus tôt, à 320 km de là. Il arrive au pôle Sud le 17 janvier 1912 après avoir perdu deux hommes. Sur le chemin du retour, il meurt de faim et d'épuisement avec ses deux derniers coéquipiers.

Pour les spécialistes, Amundsen a réussi son périple parce qu'il a épousé les techniques des peuples de l'Arctique : se déplacer avec des traineaux tirés par des chiens, porter des vêtements de

La meute de l'expédition Amundsen au repos, 1911, Antartique

fourrure et manger de la viande fraiche. En raison du poids des charges, Scott était réticent à l'idée d'utiliser des chiens (il commence son voyage avec des poneys de Mandchourie, trop lourds pour la glace, et des véhicules à chenilles, vite en panne). La stratégie de survie d'Amundsen réside dans sa capacité à exploiter le travail des chiens. Il en sacrifie ainsi une cinquantaine en les poussant au bout de leurs forces et n'hésite pas à donner leurs dépouilles à manger aux survivants.

Un agrégat de chair et d'os?

L'essentiel pour Amundsen est de faire « comprendre à ces animaux qu'ils doivent obéissance ». La base de l'interrelation est la sujétion à l'homme. L'explorateur s'essaie à l'écriture de « chapitres de psychologie canine ». Cette expression traduit l'ambition d'objectiver et de rationaliser le comportement des chiens.

Pourtant, l'explorateur sait lire dans leurs attitudes « la joie, la tristesse, la reconnaissance, les scrupules de conscience », et voit dans leur regard « ce quelque chose qui ressemble à l'âme ». Il pourfend la conception cartésienne de l'animal-machine en voyant dans « l'individualité très accusée des chiens [...] un autre indice que cet animal n'est pas simplement un agrégat de chair et d'os ». Symptomatiquement, ils sont le sujet principal ou secondaire sur un quart des photographies qui accompagnent le récit. Omniprésents, on les voit au repos, dans leurs tentes, ou dans les bras de leurs maitres : ils sont de véritables sujets dans cette odyssée australe, pas de simples mécaniques bien huilées.

L'explorateur reconnait à ses chiens la possibilité d'éprouver des émotions et de les exprimer dans un langage qui leur est propre. Amundsen n'est pas loin d'y déceler une grammaire du hurlement: « Ces animaux possèdent-ils la faculté de communiquer leurs pensées par des cris ? Après notre longue intimité avec les chiens eskimo, aucun de nous n'en doute [...] Chaque acte, chaque sentiment, ils l'expriment par un son particulier ».

Chacun a son chien préféré. Tous ont un nom, et à plusieurs reprises, l'explorateur en fait d'ailleurs de courts portraits moraux. Ainsi, il fait l'oraison funèbre de deux d'entre eux. Si « le bon, le fidèle, le consciencieux Per (...) était une excellente bête, pacifique, très travailleuse », Svartflekken « était un vilain personnage. S'il eût été un homme, il eût fini au bagne. »

Certains chiens deviennent mélancoliques quand ils sont séparés de leur compagnon préféré, remarque Amundsen: l'amitié n'est pas une prérogative humaine. Il s'agit de mettre à profit cet attachement et d'en tirer le meilleur parti possible lorsque les chiens sont à l'attelage. L'amitié est certes une donnée touchante, mais elle doit être exploitée dans l'intérêt de la mission.

De l'usage de la violence

Si la diplomatie s'impose entre humains, avec les animaux, Amundsen n'a pas de scrupule à user de violence. Quand le *Fram* débarque dans la baie des Baleines, les chiens n'ont pas couru depuis plus de six mois et sont surpris qu'on leur demande de tirer des traineaux. Pour le chef d'expédition, on n'est pas loin de l'insubordination avec ces « attelages indociles », et cela justifie de « rudes corrections ». Les hommes exaspérés ne cessent de hurler, au point que certains en restent aphones.

Amundsen ne peut pourtant s'empêcher de plaindre les pauvres bêtes. Quand il fait le bilan de sa mission, il reconnait que ce qu'il leur demandait était démesuré et confie ainsi ses remords: « Les souffrances de ces excellents animaux sont le seul souvenir triste de mon exploration antarctique. Je leur ai demandé plus qu'ils ne pouvaient donner. »

« Dans les circonstances de la vie ordinaire, j'aime mes chiens, mais les circonstances dans lesquelles nous nous trouvons sont exceptionnelles. » Atteindre le pôle et sauver sa vie, voilà ce qui compte. Sacrifier des chiens pour continuer à avancer en utilisant le moins de vivres possible devient donc logiquement acceptable : « D'après notre expérience, la descente pourra être effectuée avec 12 chiens. Actuellement nous en avons 42 ; nous les emploierons tous pour gravir le plateau ; une fois là-haut, nous en sacrifierons 24 et continuerons avec 18 et 3 traineaux. De ces 18, 6 serviront à nourrir les 12 derniers survivants. » Le pôle Sud vaut bien la vie de quelques chiens. Il s'agit de maximiser les chances de survie des humains en allégeant l'équipage : un abattage signifie plus de nourriture fraiche, moins de gueules à nourrir et une équipe plus performante.

Dans la dernière phase du voyage, c'est avec une « profonde tristesse » que chaque homme doit tuer ses propres bêtes, nettoyer et dépouiller leur carcasse. Le lieu du massacre porte aujourd'hui le nom de la *Boucherie* : « Des monceaux de déchets rouges rougissent la surface du glacier ; vers ce charnier, les survivants se précipitent aussitôt ; l'un d'eux, particulièrement vorace, avale les entrailles encore toutes chaudes d'un camarade ». En cas de nécessité, les chiens grœnlandais n'hésitent pas à s'entredévorer. En mettant l'accent sur le cannibalisme canin, Amundsen déplace insensiblement la responsabilité du massacre sur les autres chiens.

Dans notre confortable existence d'Occidentaux, nous avons presque toujours le choix de ne pas exploiter les animaux. Amundsen avait lui aussi le choix, celui de ne pas partir à l'autre bout du monde, de renoncer à la gloire et au sacrifice de chiens fidèles, courageux et à la personnalité unique. Celui de ne pas conclure l'épisode de la Boucherie par ce commentaire laconique : « (nous avons mangé) un excellent pot-au-feu avec un râble de chien bien gras, et après cela des côtelettes. Leur chair est si exquise. »

« Les souffrances de ces excellents animaux sont le seul souvenir triste de mon exploration antarctique. Je leur ai demandé plus qu'ils ne pouvaient donner. »

Clémence Laot est agrégée de Lettres et conservatrice de bibliothèques. Elle traque les discours antispécistes des arts et de la littérature.

Référence

Roald Amundsen et Robert Falcon Scott, *Ils ont vaincu le pôle : Récits de l'exploration des deux découvreurs du pôle Sud (1910-1912)*, Presses de la Renaissance, 2008.

Helmer Hanssen avec une meute, Baie des Baleines, Antartique, 1911-1912

Entrainement d'une meute à peine sortie du *Fram*

Fix et Lassesin, les chiens préférés d'Amundsen, 1911, Antartique

essais, critiques, romans

Illustration Ana Roy

Écoféminisme et véganisme

Françoise Armengaud

Les lecteurs francophones peuvent enfin découvrir le classique de l'écoféministe américaine Carol J. Adams: *La politique sexuelle de la viande*. Qu'est-ce qui rapproche féminisme et véganisme?

Paru en 1990 et réédité avec de nouvelles préfaces de l'auteure en 2000 et 2010, ce livre a connu un immense succès dans le monde anglophone, où il est devenu un classique de la pensée végane et féministe. Il présente, en une théorie morale qui se veut unifiante, deux courants de militantisme rarement associés en France: le végétarisme et le féminisme. Universitaire militante, théologienne de formation, née en 1951, Carol J. Adams examine les conséquences, généralement peu perçues, de la « culture de la viande » sur des questions comme l'égalité des sexes, les races et les classes, et établit des liens entre la pratique « carnivoriste », consistant à tuer des animaux pour les manger, et le maintien de la domination masculine et de l'oppression des femmes et des animaux. Parallèlement, les droits des femmes et les droits des animaux se trouvent associés dans leur principe. Très argumenté et documenté, cet ouvrage éclaire d'une lumière vive le malaise et la barbarie de nos sociétés (pensons aux vidéos de L214 prises dans les abattoirs). Comme l'écrit Élise Desaulniers, Adams « plonge au cœur de notre acceptation de la violence institutionnalisée, c'est-à-dire des systèmes qui cautionnent la cruauté et des justifications qui les nourrissent ».

Il était une fois

C'est d'abord une histoire qui a son point de départ. Bien des auteur.e.s décrivent cette « épiphanie » de quelques minutes, l'expérience intime qui détermine leur abandon de la viande. Alors étudiante, dans la maison de ses parents, Adams découvre le cadavre d'un poney qu'elle aimait et qui venait d'être tué d'un coup de feu. Elle raconte: « Ce jour-là, je mordis dans un hamburger et m'arrêtai au milieu d'une bouchée. Je pensais à un animal mort tout en consommant le cadavre d'un autre... ». Ainsi fut prise la décision du végétarisme, ce qui mena Adams à un travail de près de vingt ans pour écrire *La Politique sexuelle de la viande* (et bien d'autres ouvrages et articles).

On notera en passant que parmi les protéines animales, il y a celles produites par des corps femelles/féminins comme le lait et les œufs. Le

« végétarisme » envisagé par Adams est bien un véganisme. Il n'inclut ni produits laitiers, ni œufs, qu'elle considère comme des morceaux de « chair féminine ».

Le « récit de la viande »

Par « récit de la viande », nous dit Adams, « j'entends la vision du monde selon laquelle la chair représente un aliment convenable ». Cela comporte d'abord (a) des croyances que l'auteure qualifie à juste titre de « superstitions », affirmant que l'un des objectifs de son livre « consiste à nous affranchir de croyances étriquées et néfastes » ; ensuite (b) une dissymétrie dans le rapport des femmes et des hommes à la viande ; enfin (c) la constatation d'une similitude entre le sort des femmes et le sort des animaux, tels que les hommes le leur font subir.

Voici donc le message de la viande.

A La chair est perçue comme une nourriture à la fois naturelle et nécessaire à la santé et à la convivialité. Il faudrait croire en la qualité nutritive supérieure de la viande, en particulier de la viande rouge. C'est comme un refrain perpétuellement répété dans les conversations aux repas, dans la publicité, à la télé par des « nutritionnistes » inféodés au système, dans les menus des restaurants qu'ils soient *fast food* ou gastronomiques. Il s'agit d'un système de relations entre la production alimentaire, les attitudes envers les animaux et la violence jugée acceptable perpétrée à leur endroit. Nous avons affaire, nous dit Adams, à « la superstition toujours vivante voulant que la chair procure de la force physique ». Le récit de la viande postule qu'il s'agit là de la bonne façon pour les humains d'obtenir les protéines dont ils ont besoin et que le rôle approprié des animaux consiste à produire ces protéines. L'acte de manger la chair des animaux est ainsi entouré d'une puissante idéologie quant à nos besoins en protéines d'origine animale et à l'assimilation entre viande et force physique ; on croit se réapproprier le pouvoir qu'on se figure résider dans la victime. Ces aspects fallacieux et névrotiques de l'alimentation carnée se manifestent dans les réactions, souvent agressives, des mangeuses et mangeurs de viande devant la menace que représente le moindre convive végétarien.

Mener la « politique sexuelle de la viande », c'est tenir pour acquis que les hommes ont besoin de viande, qu'ils ont droit à la viande, qu'elle leur est réservée, et que manger de la viande est une activité mâle associée à la virilité, qu'elle finit par symboliser.

B Au XIXe siècle, conformément aux mythologies d'une culture où l'homme a besoin de viande et où celle-ci rend « aussi puissant qu'un taureau », c'est au mâle qui rapporte le gagne-pain qu'on servait les plats carnés. Les femmes, elles, sont de toute façon dans l'auto-privation ; elles offrent les « meilleurs » aliments aux hommes, au détriment de leurs propres besoins nutritifs (on sait qu'à l'échelle mondiale un nombre disproportionné de femmes meurent de faim par rapport aux hommes). Mener la « politique sexuelle de la viande », c'est tenir pour acquis que les hommes ont besoin de viande, qu'ils ont droit à la viande, qu'elle leur est réservée, et que manger de la viande est une activité mâle associée à la virilité, qu'elle finit par symboliser. La position de l'animal dans le récit de la viande reflète celle de la femme dans le récit traditionnel : un objet à posséder. Le conte parvient à sa conclusion lorsque le Prince trouve sa Princesse et notre récit prend fin quand

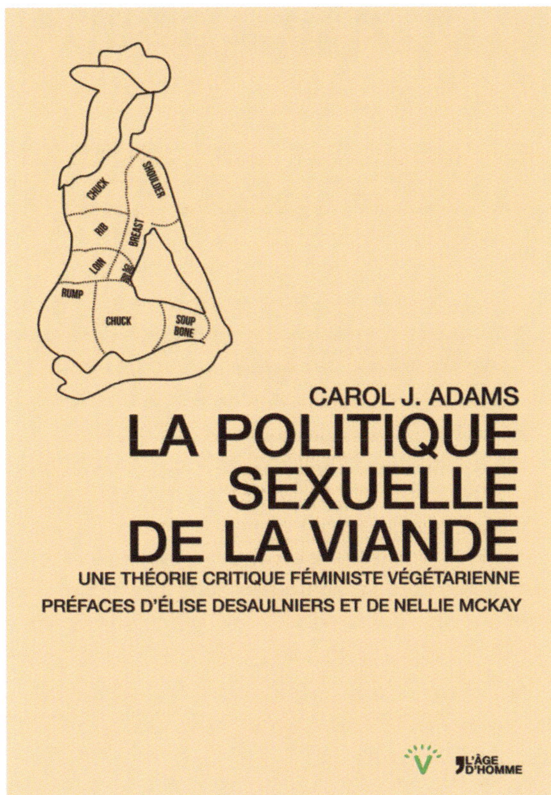

Carol J. Adams, *La Politique sexuelle de la viande – Une théorie critique féministe végétarienne*, traduit de l'anglais (États-Unis) par Danielle Petitclerc avec le concours de Martin Gibert, préface d'Élise Desaulniers, avant-propos de Nellie Mckay, plusieurs bibliographies spécifiques et un index des noms et des concepts, Lausanne, Éditions L'Âge d'Homme, 2016, 358 pages.

le consommateur défini comme masculin dévore le corps défini comme féminin. La consommation carnée, sa signification symbolique, est donc intrinsèquement patriarcale et androcentriste. La viande est le symbole du contrôle patriarcal des animaux et du langage ; elle reflète et manifeste le pouvoir masculin chaque fois qu'elle est consommée. Elle le glorifie.

C Une constatation : la similitude entre le sort réservé aux animaux et le sort réservé aux femmes dans les sociétés patriarcales. Les femmes, comme les animaux, sont disponibles, consommables : femmes désignées comme des morceaux de viande. L'illustration sur la couverture du livre montre l'image d'une femme « découpée » en pointillé et nommée par pièces comme sont cartographiés les bœufs ou les porcs dans les répertoires des bouchers... La viande symbolise « ce qui demeure invisible, mais toujours présent » : le contrôle patriarcal exercé sur les femmes et sur les animaux. Le sexisme entretient une culture qui réduit les êtres vivants à l'état d'objets, des êtres considérés comme insuffisants en eux-mêmes, mais habillés, exposés et démembrés pour satisfaire les caprices de la classe dominante. Dans les cas de victimes de viol et de femmes battues, il est fréquent que l'expérience de mort des animaux serve à illustrer celle vécue par des femmes qui déclarent : « Je me sens comme un morceau de viande ». En effet, les animaux sont pénétrés, profanés, préparés pour le marché, contre leur volonté. Or, les métaphores de notre culture (notamment la publicité) structurent ces expériences comme si elles étaient voulues par les femmes et par les animaux : fiction du consentement, de la participation de plein gré, du désir pour le processus qui produit leur absence.

Les femmes, comme les animaux, sont disponibles, consommables : femmes désignées comme des morceaux de viande.

Ce « récit de la viande » oblitère de toute sa force le discours du végétarisme. Surtout, il a d'abord pour effet principal de contribuer à « absenter le référent ».

La structure du référent absent empêche que *quelque chose* soit perçu comme ayant été *quelqu'un*

Derrière chaque repas carné se cache une absence : la mort de l'animal dont la viande occupe la place. Le mot « viande » nie la vérité au sujet de cette mort. Il n'est pas fait référence ni à l'animal vivant, ni à sa mort. Un oppresseur peut ainsi percevoir un être vivant comme une chose. Son cerveau passe « directement de l'être réifié au produit consommable, en éludant l'acte de fragmentation, le meurtre, la division ». Adams a découvert le concept de « référent absent » dans le livre de Margaret Homans, *Bearing the Word: Language and Female Experience in Nineteenth-Century Women's Writing* (Université de Chicago, 1986). C'est le concept-clé (qui n'est pas un concept purement linguistique, car toute activité est considérée comme un message) qui permet à Adams d'articuler l'oppression des femmes et des animaux.

La structure du référent absent « empêche que *quelque chose* soit perçu comme ayant été *quelqu'un* ». Par la mise à mort et le dépeçage, on transforme l'animal en référent absent. « L'animal, à travers son nom et son corps, est rendu absent en tant qu'animal afin que la viande puisse exister ». J'ajouterai que ce n'est pas tant l'exploitation, si évidente, que souligne Adams, que justement l'occultation prévue pour rendre acceptables les modalités de cette exploitation – ce que Melanie Joy appellera quelques années plus tard l'idéologie carniste. Par ailleurs, il ne s'agit pas non plus toujours d'une pure et simple absence : demeure fondamental en filigrane quelque chose comme la lueur fantomale de la vie. Les carnistes veulent manger quelque chose qui est sinon vivant du moins qui a été vivant et dont demeurent des traces, des indices.

Pour une critique féministe végétarienne

Comme le note Adams, il y une tradition ancienne féministe végétarienne littéraire et historique et un grand nombre de féministes furent végétariennes. Au cours des années 1970 et 1980, les écoféministes commencent à reconnaitre les liens étroits entre l'oppression des femmes et celle des animaux (Françoise d'Eaubonne publie *Le féminisme ou la mort* en 1974). « Les critiques féministes perçurent la violence inhérente aux représentations qui assimilent sexualité et consommation, et ont nommé ce rapport "orgueil carnassier" (Simone de Beauvoir), "gloutonnerie gynocidaire" (Mary Daly), "cannibalisme sexuel" (Kate Millett), "cannibalisme psychique" (Andrea Dworkin), "cannibalisme métaphysique" (Ti Grace Atkinson) ».

Il n'empêche que Adams reproche à beaucoup de féministes leur méconnaissance du sort réel des animaux et leur désintérêt. Le végétarisme n'est pas pris au sérieux par beaucoup de féministes. Elle écrit : « Contrairement aux sujets sensibles majeurs tels la sexualité, les politiques, la famille, le travail, le racisme et la violence sexuelle et conjugale, le végétarisme n'est pas jugé pertinent dans le cadre d'une étude sérieuse de la vie des femmes ». Elle écrit: « Étant donné ma perception de l'oppression des femmes et de celle des animaux comme interdépendantes, je trouve consternant que le féminisme n'identifie pas les questions de genre profondément ancrées dans la consommation d'animaux. Mais cette incapacité reste éclairante ».

Cela montre, selon Adams, la « puissante emprise des textes de la viande sur chacun.e d'entre nous [...] paradoxalement, le discours féministe reproduit ici le mode de pensée patriarcal ». En effet, « le discours féministe radical n'est pas parvenu à intégrer l'oppression littérale des animaux dans son analyse de la culture patriarcale ni à reconnaitre le puissant lien historique entre féminisme et végétarisme ». Ainsi, « les théoriciennes féministes nous mènent au croisement de l'oppression des femmes et des animaux, mais font immédiatement volte-face, s'emparant de la fonction du référent absent uniquement pour faire avancer les enjeux relatifs aux femmes et non aux animaux [...] Elles utilisent la comparaison, mais ne se préoccupent ensuite que des femmes, abdiquant ainsi devant le référent absent inhérent à la structure même qu'elles désirent changer ». Les animaux servent de comparaison, et on s'arrête là.

Mais on ne fait pas que s'arrêter en chemin. Il y a plus. Adams va jusqu'à affirmer que l'emploi de la métaphore par les féministes radicales produit « une activité négative d'oblitération, de négation et d'élision où on tait le sort littéral de l'animal ». Autrement dit, ce qui fait défaut à une bonne partie de la théorie féministe qui s'appuie sur les métaphores de l'oppression animale pour éclairer l'expérience des femmes, c'est la réalité derrière la métaphore.

Le même adversaire

Il n'en demeure pas moins que féminisme et végétarisme ont le même adversaire. Et il y a intérêt pour les deux militantismes à se croiser. « Les militantes et militants pour les droits des animaux ont besoin du féminisme pour mettre à plat les structures qui déterminent l'oppression des animaux ». « De la même façon que la théorie féministe doit être éclairée par les perspectives végétariennes, la théorie du droit des animaux doit être infusée de principes féministes ». Les féministes ne devraient pas adhérer au végétarisme pour la seule raison que ce dernier remet en cause la culture dominante. Elles devraient le faire aussi pour ce qu'est le végétarisme, sa philosophie et ce qu'il représente à l'égard des animaux.

« Dans le contexte d'une culture patriarcale, le langage fusionne le statut inférieur de la femme et celui de l'animal. Les cultures consommatrices de chair sont caractérisées comme des cultures viriles. Nous avons vu que lorsqu'il est question de violence perpétrée envers les femmes, les animaux massacrés constituent le point de référence et en parlant alors du sort des animaux, c'est du destin traditionnellement réservé aux femmes qu'il s'agit. Nous opprimons les animaux en les associant au statut inférieur des femmes ».

Une critique féministe végétarienne prend naissance lorsque nous réalisons que le même statut est attribué aux femmes et aux animaux dans le monde patriarcal: celui d'un objet et non d'un sujet. Le végétarisme ne se contente pas de réprouver une société carnivore, il en fait autant de la société patriarcale, car la consommation de viande est liée au pouvoir masculin.

En devenant végétariens, les hommes s'opposent à un élément traditionnellement essentiel du rôle masculin.

La chair et les textes

Allons plus loin. Selon Adams, le végétarisme lui-même constitue « une forme de viande » pour les gens qui consomment de la chair: il doit être réfuté, pris au piège et démembré; il n'a aucune valeur. C'est ainsi que la parole végétarienne reçoit le même traitement que la chair d'un animal. Adams retrouve un analogue au démembrement des corps animaux dans le fait que l'histoire littéraire exclut souvent des canons établis les œuvres écrites par des femmes. Quoique pratiquant une analyse de type matérialiste de la domination des femmes (comme des animaux), la pensée de Adams frôle parfois (sans vraiment y tomber!) un certain essentialisme dans sa description de « la femme » et du féminin.

Ce qui fait de ce livre une source inépuisable d'information et de réflexion précieuse tant pour les féministes que pour les véganes ainsi que pour toutes les personnes appelées à devenir l'un et l'autre constitue également son originalité: aller plus loin que la simple constatation de la semblable exploitation (jusqu'à l'anéantissement) des animaux et des femmes, en articulant ce qui en rend possibles les modalités.

Françoise Armengaud a enseigné la philosophie du langage à l'Université de Paris-X. Elle est l'auteure de nombreux livres dont *Réflexions sur la condition faite aux animaux* (2011) et *Requiem pour les animaux meurtris* (2015).

Une entrevue avec Carol J. Adams est paru dans *Versus, magazine végane* n° 2 (hiver 2016).

Pour une République du Vivant

Maude Lefebvre

Un système politique doté d'une assemblée qui prendrait en compte les intérêts de l'ensemble du vivant pour un développement *réellement* durable, cela vous parait utopique ? Élire des représentants chargés de défendre ces intérêts pour l'animal non humain, incapable de le faire, une entreprise irréaliste ?

Pourtant, pour le journaliste et écrivain français Aymeric Caron, ces propositions ne sont qu'une suite logique à l'élargissement graduel de notre sphère de considération morale.

Mais comment en sommes-nous arrivés aujourd'hui à exiger plus de droits pour ces espèces animales avec qui nous partageons le territoire ? Dans *Antispéciste : réconcilier l'humain, l'animal, la nature*, c'est en quelque sorte l'inscription dans l'histoire de son projet de République du vivant, pièce de résistance de ce bouquin qui ne manque pas d'audace, que Caron cherche à orchestrer.

En de courts chapitres, l'auteur remet à jour la pensée de personnages aussi variés que Montaigne, Gandhi, Arthur Schopenhauer, Henry David Thoreau, Pierre Kropotkine ou Élisée Reclus (et même Superman, dont il fait le premier super-héros antispéciste !) afin de retracer chez eux les germes d'une théorie antispéciste. Mais bien que Caron s'abreuve par moments d'une tradition humaniste chère aux Européens (certains ne seront pas insensibles à ses citations provenant de grands noms), c'est justement pour en déconstruire les fondements. Il se positionne en effet comme défenseur d'un nouvel humanisme antispéciste, « qui reconnait [la parenté de l'humain] avec les autres espèces animales » plutôt que de lui donner le rang d'espèce supérieure. Pour en arriver à ce qu'il qualifie ainsi d'anumanisme, il faudrait selon lui « étendre [notre] champ d'intérêt à toutes les espèces sensibles », sortir de notre anthropocentrisme endurci.

Antispéciste : réconcilier l'humain, l'animal, la nature
de Aymeric Caron (Éditions Don Quichotte, 2016)

Mais pour permettre le développement de cet anumanisme, encore faut-il reconnaitre que l'humain est lui aussi un animal. À écouter certains débats diffusés à la télévision française suite à la parution d'*Antispéciste*, il semble que les animalosceptiques (tels les climatosceptiques qui réfutent l'idée du réchauffement climatique) soient plus nombreux qu'on le croit. Décidé à combattre ce nouvel obscurantisme, Caron consacre la première partie de son ouvrage à une vulgarisation efficace de notions scientifiques fondamentales, telles la création de notre système solaire, le passage du géocentrisme à l'héliocentrisme copernicien, la composition du corps humain, ses similarités avec celui des animaux non humains, ou encore l'appartenance de l'humain à la famille des grands singes. Si la redite n'est jamais loin, on sent que Caron tient à rappeler ces évidences oubliées par certains, réfutées par d'autres (il existerait 44 % de créationnistes en Amérique), et réaffirmer la position de l'antispécisme comme « alliance de la science et de la morale ». Prenant appui sur le calendrier cosmique de l'astronome américain Carl Sagan, rapportant à l'échelle d'une année l'histoire de l'Univers de sa naissance à aujourd'hui, Caron nous ramène à l'urgence écologique : « Nous appartenons à une espèce qui se pense éternelle, alors qu'elle vient tout juste de voir le jour et qu'elle n'a pas pour l'instant inventé les conditions de sa survie. »

Au fil de ma lecture, je me suis souvent demandé quel était le public visé par Caron. Le tout est habilement écrit, en des mots simples, et non sans humour (si les animaux que nous mangeons sont aussi intelligents que nos bébés, les carnivores sont-ils des ogres ?). Mais pour un.e végane aguerri.e, *Antispéciste* peut s'avérer redondant tant la reformulation d'idées lues et relues chez les figures les plus pertinentes de l'éthique animale est fréquente. Toutefois, la lecture devient plus corsée lorsque l'auteur explique son projet biodémocratique de la République du vivant, démocratie étendue à l'ensemble du peuple du vivant, auquel sont conférés de réels moyens d'expression. Ce « schéma politique ambitieux », comme il le qualifie lui-même, passe d'abord par une critique virulente de l'écologie molle, terme inspiré du courant de l'écologie profonde du philosophe écologiste Arne Næss. Caron condamne par là une écologie du court terme, limitant les dégâts sans jamais remettre en cause le système. Un peu comme « d'aller voir un médecin pour un mal de tête et se faire prescrire de l'aspirine ». Pour lui, il est essentiel d'enclencher rapidement le passage de l'écologie molle prônée par nos gouvernements à une écologie essentielle, où la nature ne serait plus envisagée pour ce que nous pouvons en tirer, mais pour ce qu'elle est, et où les droits des animaux non humains seraient pris en compte. Si certaines idées incluses dans cette entreprise en feront sans doute sourciller quelques-uns (notamment la question du contrôle de la démographie, généralement avancée du bout des lèvres pour ne pas froisser l'opinion publique), le projet fait néanmoins rêver. Une démocratie étendue à l'ensemble du peuple du vivant ? Pourquoi pas ! Selon le calendrier cosmique de Sagan, nous égrenons les dernières minutes de notre Univers, il serait sans doute temps de rejoindre la République du vivant.

Nous appartenons à une espèce qui se pense éternelle.

Maude Lefebvre est candidate à la maitrise en histoire de l'art de l'Université du Québec à Montréal. Elle s'intéresse à la question des droits des animaux non humains depuis l'adolescence.

Mickey Mauss à la ferme

François Jacquet

Vivre avec les animaux: une utopie pour le XXIe siècle de Jocelyne Porcher (La Découverte, 2011).

Il y a les livres que l'on aime et ceux qu'on aurait pu aimer. Et puis, il y a les livres de Jocelyne Porcher. Bien sur, la publication de *Vivre avec les animaux* commence à dater (2011). Mais voilà, l'ouvrage n'est pas de ceux qui vous tirent hors du lit le matin de leur sortie. Bien qu'il me soit tombé entre les pattes sur le tard, je me le suis coltiné afin de vous épargner la peine d'en faire autant. Ce qui est déjà pas mal.

Pour celles et ceux qui l'ignorent encore – tout le monde n'a pas la télé, après tout –, Porcher arbore une double casquette : elle est à la fois éleveuse et sociologue de l'élevage. Elle est donc un peu sociologue d'elle-même. Les mauvaises langues suspecteront naturellement un manque d'objectivité. Qu'elles se rassurent : si la chercheuse et l'éleveuse s'entendent si bien, c'est simplement que cette dernière a toujours raison. Blague à part, malgré les 374 occurrences de la formule « pour les éleveurs... », on a souvent du mal à savoir qui tient la plume. La sociologue et ses collègues parlent pour ainsi dire d'une seule voix, courageusement élevée contre un ennemi commun : les autoproclamés experts de l'éthique animale, qui monopolisent la parole publique sur le sujet, bien qu'ils n'y pannent rien.

Venant d'une sociologue, une telle posture peut surprendre. Aux dernières nouvelles, cette discipline se voulait scientifique et la science ne s'occupait pas de morale. Un débat oppose certes les tenants d'une sociologie neutre, qui se contente d'élaborer des théories descriptives (parfois étayées par des données empiriques), aux partisans d'une sociologie engagée, qui n'hésite pas à prendre parti sur des questions normatives. Mais cette seconde conception du métier de sociologue m'a toujours semblé aberrante, parce qu'incompatible avec un principe méthodologique très séduisant : chacun son taf. En tant que tels, les sociologues ne sont pas formés pour parler morale ; qu'ils s'abstiennent donc de le faire. Porcher serait bien avisée de laisser les philosophes faire leur travail.

Au lieu de quoi elle prétend le leur enseigner. On apprend ainsi que ces grands nigauds condamnent l'élevage parce qu'ils en ignorent jusqu'au b.a.-ba. Au point de le confondre avec les « productions animales » – c'est-à-dire ce que tout le monde appelle l'« *élevage* industriel », mais qui n'en est pas, puisque l'élevage est invariablement super. En effet, et contrairement aux productions animales, il est avant toute chose le théâtre de relations belles et enrichissantes. Car les éleveurs n'exploitent pas leurs bêtes ; ils sont leurs amis pour la vie et les aiment du grand Amour. Inutile d'objecter que les animaux n'ont que faire d'une amitié qui les enferme, les viole et les mutile pour les expédier *in fine* à la case abattoir. Porcher a anticipé la réplique : ces menus désagréments sont le prix à payer pour le lien, ce « vivre-ensemble » si cher aux vaches, aux poules et aux cochons. Les éleveurs doivent bien survivre, et, comme l'écrit probablement Jankélévitch, survivre, c'est déjà tuer un peu. Ou quelque imbécilité du même acabit – rares sont les pages de *Vivre avec les animaux* que ne macule pas cette métaphysique de comptoir.

De toute façon, tuer les animaux est la moindre des politesses, puisqu'ils nous y invitent généreusement en nous offrant leur vie. Un don sur lequel se construit d'ailleurs la formidable relation qui lie l'éleveur à ses bêtes. Parce qu'il a lu son Marcel Mauss, celui-ci accepte modestement ce présent qui tombe à point nommé – il faut bien vivre, comme dirait l'autrélévitch – histoire de préserver le lien sacré qui l'unit à son ami. Puis, toujours au nom de l'« être-ensemble », il lui fait à son tour un cadeau, celui de la vie bonne. Captivité, inséminations artificielles, amputations diverses et autres joyeusetés, certes. Mais surtout : l'inestimable soustraction aux aléas de la vie sauvage. Merci, l'ami.

Et puis quoi ! Les philosophes ne comprennent-ils pas qu'il est admissible de tuer les animaux « à condition toutefois que les conditions de la mort soient conformes aux valeurs de l'éleveur » (p. 34) ? que le travail dans les abattoirs « [ait] une légitimité et une grandeur » (p. 84) ? qu'il repose « sur un système de justifications cohérent » (p. 99) ? que « la tuerie des animaux [ait] un sens alimentaire » (p. 114) ? Quand elle fait exceptionnellement l'effort d'argumenter, Porcher laisse transparaitre une ignorance coupable de l'état de l'art en éthique animale. On découvre alors qu'il faut bien « nourrir le monde » (p. 62) – comme si la production de viande était optimale à cet égard –, que les éleveurs ne font pas de l'élevage pour gagner de l'argent sur le dos des animaux, mais parce qu'ils veulent vivre avec eux (p. 131) – comme si les motivations des éleveurs étaient moralement pertinentes – et, croit-on rêver, que les animaux ne sont que des animaux (p. 37) – comme si l'affirmation explicite du spécisme le rendait par magie acceptable.

Vivre avec les animaux n'est pas un mauvais livre ; c'est la caricature d'un mauvais livre. Comme toute caricature, l'objet est amusant. Mais il est aussi instructif. De fait, il illustre bien l'impasse argumentative dans laquelle les défenseurs de l'élevage sont manifestement condamnés à s'agglutiner, maintenant que ses critiques ont fait entendre leurs objections. En somme, si Porcher prête à sourire, elle donne surtout à espérer.

François Jaquet est chercheur postdoctoral en philosophie à l'Université de Genève.

Défense des sentiments et des émotions dans le mouvement animaliste

Martin Page

Les émotions ont été mises à l'écart de l'éthique animale. Mais, après avoir lu *Apprendre à lire l'éternité dans l'œil des chats*, l'écrivain Martin Page se demande s'il ne faudrait pas leur redonner toute l'importance qu'elles méritent.

Le mouvement de libération animale, particulièrement depuis les années 1970, cherche à s'imposer par des discours fondés sur la démonstration philosophique, la science, l'éthologie et la neurologie. Les penseurs animalistes travaillent à réduire à néant l'irrationalité qui permet de dénier aux animaux conscience, sentiments et émotions. Malheureusement, ce rejet des émotions s'accompagne parfois d'un certain mépris à l'égard des militants qui empruntent un autre chemin. Le livre de Françoise Armengaud vient nous rappeler que la rationalité classique n'est pas le seul recours de notre combat commun. D'ailleurs, pendant des millénaires, la rationalité et le discours scientifique n'ont pas été les principaux éveilleurs de conscience en faveur des animaux, mais bien plutôt l'intuition et la compassion. Françoise Armengaud renoue donc avec cette tradition. Elle rappelle que bien avant la science, ce sont des poètes et des artistes qui ont vu les animaux comme les êtres singuliers qu'ils sont. On peut lire ce livre comme une défense des sentiments et des émotions dans le mouvement animaliste. Françoise Armengaud lie l'émerveillement à l'humilité, à l'attention, à la curiosité et à l'amour. C'est une contre-attaque contre le carnisme. Évidemment, l'auteure sait qu'on déconsidère les arguments sentimentaux en éthique animale et que sa défense de l'émerveillement pourrait être taxée de mièvrerie. Elle me rappelle Carol J. Adams qui, dans son article « Visibility, History, and Tennis Shoes » (unboundproject.org), estime que certains théoriciens, comme Peter Singer et Tom Regan, pour asseoir leurs thèses, ont rejeté les émotions et l'empathie comme base possible d'une éthique animaliste. Pourtant, les émotions ne sont pas mièvres, elles ont même une vertu épistémique.

« L'attention que l'on porte aux animaux, quand elle n'est pas utilitaire, procède de facultés comme l'imagination, la pensée, le cœur ». Françoise Armengaud parle ainsi du bonheur qu'il y a à regarder et à fréquenter les animaux. Elle parle joie et plaisir. Ce sont des mots que j'aimerais voir plus souvent chez les animalistes. Nous ne sommes pas seulement tristes du sort des animaux; nous sommes curieux d'eux et admiratifs. « S'émerveiller c'est à la fois s'étonner et admirer, se laisser surprendre. » Ces qualités et ces valeurs servent la cause des animaux. Tout au long du livre, Françoise Armengaud illustre son propos avec un panorama riche et varié d'auteurs qui ont parlé des animaux, qui les ont vus autrement que comme de la viande ou des nuisibles. On croise Rosa Luxemburg (qui évoque sa rencontre émue avec un papillon citron), Michael Edwards, Bashô, Baudelaire... On découvre aussi le conflit intérieur de D. H. Lawrence dans son poème « Serpent », qui raconte comment il doit se battre contre son éducation qui le pousse à désirer tuer un serpent alors qu'il voudrait se laisser aller à être son ami. Tout au long du livre, des artistes regardent, se baissent et vivent à hauteur des animaux, comme Robert Burns dans son poème « À une souris » ou Sylvia Plath qui demande à un chasseur d'épargner un faisan. C'est un des bonheurs de ce livre que de faire découvrir des auteurs et des œuvres qu'on ne connaissait pas. Ainsi je rencontre André Verdet: « J'aime l'ortie et j'aime l'araignée / Parce qu'on les hait », Israël Eliraz qui a consacré un recueil aux insectes (pou, mite, cigale, frelon, mouche, puce...), Maurice Genevoix délivrant un poisson.

Si Françoise Armengaud affirme: « la poésie se lie au savoir », elle sait aussi que « la capacité des animaux à nous émerveiller ne les protège d'aucuns sévices ». Et c'est la question qu'on se pose en cours de lecture: les auteurs cités dans le livre se sont trouvés émerveillés devant les animaux, alors pourquoi n'ont-ils pas cessé de les manger et de porter leur peau ? L'émerveillement permet de mieux voir, mais je ne peux m'empêcher de penser qu'il aveugle aussi. Comme l'écrit Françoise Armengaud: « L'émerveillement peut être un exil. » Si tous ces artistes avaient été un peu moins émerveillés et plus attentifs à la vie réelle des animaux, ils se seraient battus pour eux.

Mais ne jugeons pas trop durement. Après tout, ces amis imparfaits et intermittents des animaux ont sans doute modestement contribué à les arracher à leur statut d'objets. Ils les ont fait exister dans le regard de leurs lecteurs, ils leur ont dit: les animaux sont des individus complexes et beaux qui méritent notre considération. Peut-être que ce travail a permis de préparer le terrain pour le véganisme et l'antispécisme. Une lutte de justice sociale se construit sur des siècles. En tout cas, pour Françoise Armengaud, il ne s'agit pas d'admirer les animaux pour notre propre plaisir. L'émerveillement doit conduire à la morale. Sinon à quoi bon ? Elle conclut d'ailleurs par cette phrase magnifique: « Il convient donc de dégager de l'émerveillement ressenti une énergie de luttes. »

Aujourd'hui personne ne parle plus d'animaux-machines, et il faut faire preuve de beaucoup d'efforts et de mauvaise foi pour ignorer que les animaux sont doués de conscience, de sentiments et d'émotions. Le savoir sur les animaux s'est considérablement enrichi et diffusé. Il arme notre lutte. C'est un savoir que l'on doit aux artistes, aux poètes, aux scientifiques, aux philosophes, à tous les hommes, femmes et enfants qui, un jour, ont pris le temps de regarder un animal et de le voir pour ce qu'il est: une personne. C'est l'hétérogénéité des moyens de lutte qui rend le mouvement de libération animale plus fort que jamais. Le livre de Françoise Armengaud nous rappelle que nos émotions peuvent être des alliées dans notre combat en faveur des animaux et qu'il faut revendiquer cette valeur comme une éthique qui n'est pas inférieure à une éthique se posant comme étant rationnelle.

Martin Page est écrivain. Il a notamment publié *Manuel d'écriture et de survie* (Seuil, 2014), *L'art de revenir à la vie* (Seuil, 2016), *La recette des parents* (avec Quentin Faucompré, éditions du Rouergue, 2016).

Apprendre à lire l'éternité dans l'œil des chats **de Françoise Armengaud (Les Belles Lettres, 2016)**

Notes de lectures

Une planète trop peuplée? Le mythe populationniste, l'immigration et la crise écologique
Ian Angus et Simon Butler
Écosociété, 2014

Une personne aujourd'hui âgée de 75 ans a vu la population humaine tripler depuis sa naissance. Si la tendance se maintient, nous atteindrons 8 milliards en 2026. Faut-il s'en alarmer ? Pas selon la critique du populationnisme que fournissent Ian Angus et Simon Butler dans *Une planète trop peuplée ?* Pour les populationnistes, le nombre d'êtres humains sur Terre est l'une des causes principales de la crise écologique. D'après les auteurs, cette thèse nous détourne de notre véritable ennemi – le capitalisme.

Dans cet ouvrage très bien documenté, Angus et Butler présentent l'origine de cette idéologie qui exerça une influence importante sur l'écologisme naissant des années 1970 et la classe politique américaine. Coup sur coup, les présidents Johnson et Nixon ont déclaré que, pour bénéficier de l'aide américaine, les pays pauvres devaient réduire leur croissance démographique. Les atrocités ne se firent pas attendre. En Inde, certaines régions ont fait de la stérilisation une condition pour l'approvisionnement en eau et en électricité et pour l'accès aux soins de santé. On a procédé à des stérilisations forcées, souvent dangereuses et parfois mortelles – surtout pour les femmes. Partout, les groupes minoritaires ont été ciblés de façon disproportionnée : les autochtones au Pérou et aux États-Unis, ainsi que les membres des castes inférieures en Inde.

L'argument purement historique contre le populationnisme est toutefois assez faible. Si les atrocités commises au nom d'une idée constituaient un argument décisif contre celle-ci, Angus et Butler devraient renier définitivement leur socialisme, hanté par les fantômes de Mao et Staline. Leur charge est cependant convaincante sur un point crucial : le populationnisme n'est pas une solution au réchauffement climatique. Pour empêcher un effet d'emballement, le climat mondial ne doit pas franchir la barre des 2 degrés additionnels par rapport à l'ère préindustrielle. Pour ce faire, il faut agir rapidement, mais une réduction démographique délibérée serait beaucoup trop lente pour satisfaire cette échéance.

Le populationnisme n'est pas une solution au réchauffement climatique.

Angus et Butler identifient le capitalisme comme cause principale de la crise écologique, mais ils considèrent que cibler les habitudes de consommation dans les pays riches est une erreur. Ni trop de monde, ni trop de consommation : le problème, c'est le système. Ainsi, ils s'attardent peu à l'impact écologique de la viande et banalisent l'utilisation de la voiture. Les changements individuels sont insignifiants pour les auteurs, qui affirment que « s'il ne suffisait que de persuasion et d'éducation pour modifier les comportements, la crise environnementale serait vite résolue » (p. 215), passant entièrement sous silence la résistance des populations aisées aux changements nécessaires. On en ressort parfois avec l'impression que leur monde postcapitaliste serait peuplé de 10 milliards de « *bacon lovers* » parcourant le pays en VUS entre deux décollages pour l'Europe.

Au final, *Une planète trop peuplée ?* est un essai rempli de faits historiques et de statistiques intéressantes qui permet de mieux comprendre l'histoire et les limites du populationnisme. En ciblant le système économique et politique comme cause première de la crise écologique, les auteurs visent juste, mais en occultant la nécessité d'un changement dans les habitudes individuelles, ils flattent les populations privilégiées dans le sens du poil.

Vincent Duhamel

Défaite des maîtres et possesseurs

Vincent Message
Seuil, 2016

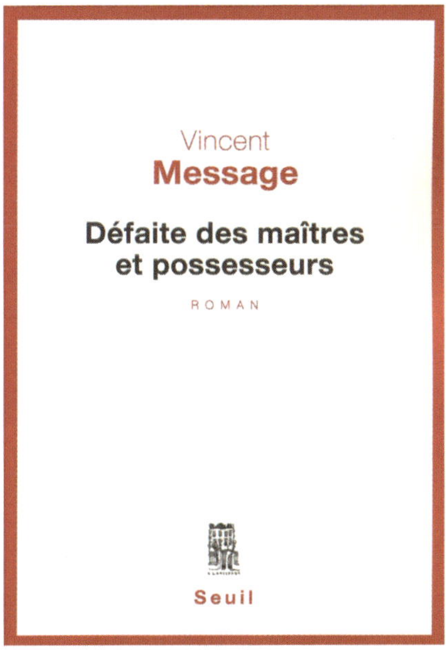

Alors que Descartes prédisait les humains comme *maîtres et possesseurs* de ce monde, le nouveau roman de Vincent Message propose un futur alternatif. Sept ans après le succès de son livre *Les Veilleurs*, l'auteur revient avec un nouvel opus, qui cette fois, dépasse la simple intrigue policière. Critique sociétale, critique du spécisme... Ce roman est une œuvre brillante qui rappelle tout le potentiel philosophique de la science-fiction.

Tout commence lorsqu'Iris, une sans-papier, se fait hospitaliser après un grave accident de voiture. Pour qu'elle puisse recevoir sa chirurgie, le héros, Malo, est obligé de régulariser la situation de la jeune femme. Il se tourne alors vers les réseaux de résistance. Le récit balade le lecteur entre souvenirs de Malo et péripéties du mouvement clandestin. Si l'histoire en elle-même relève du *thriller* assez commun, c'est le monde dans lequel se retrouvent plongés les deux protagonistes qui fait de ce roman un ouvrage audacieux. On n'en dira pas plus, la surprise étant une part essentielle de l'expérience.

Que ce soit sur les conditions de travail, ou sur les menaces du réchauffement climatique, tout nait dans son récit de ce que l'humain a imposé à la terre.

En revanche, nous mettrons un point d'honneur au sujet central qui traverse le livre : la critique du spécisme. De l'élevage à la domestication, tous les sujets sont abordés de façon indirecte et inattendue. Vincent Message apporte un regard extérieur sur notre relation avec les animaux. Il choisit ainsi de placer son lecteur dans des situations parfois inconfortables afin de lui ouvrir les yeux sur ce que notre société a tendance à vouloir faire oublier.

D'autres critiques sociétales traversent le livre en toile de fond, mais elles naissent toutes d'un thème central, celui de la colonisation. Vincent Message utilise la fiction à la perfection, en ce sens qu'il la transforme en outil d'interprétation des incohérences de notre monde. Que ce soit sur les conditions de travail, ou sur les menaces du réchauffement climatique, tout nait dans son récit de ce que l'humain a imposé à la terre.

Malgré le fait que les thèmes abordés par l'auteur soient éprouvants et peu joyeux, Vincent Message ne lasse à aucun moment son lecteur. La narration adoucit le récit en prenant la forme du monologue. De la tendresse à la colère, la grande palette d'émotions rythme la lecture et permet à chacun de s'identifier au héros Malo (malgré des différences physiques fondamentales).

Un roman qui a tout pour plaire, spécialement à la communauté végane. Le futur fantastique par lequel l'auteur attaque justement la puissance perverse dont s'est pourvu l'humain depuis ces derniers siècles est une façon admirable de poser les questions que l'on a tendance à ignorer, telle que : à qui revient le pouvoir ? Bien que l'humain reste au cœur de l'histoire, c'est un cri pour les autres espèces qui se fait entendre à travers les pages.

Anastassia Depauld

Vivre végane

Gwendoline Yzèbe
Le Livre de poche, 2016

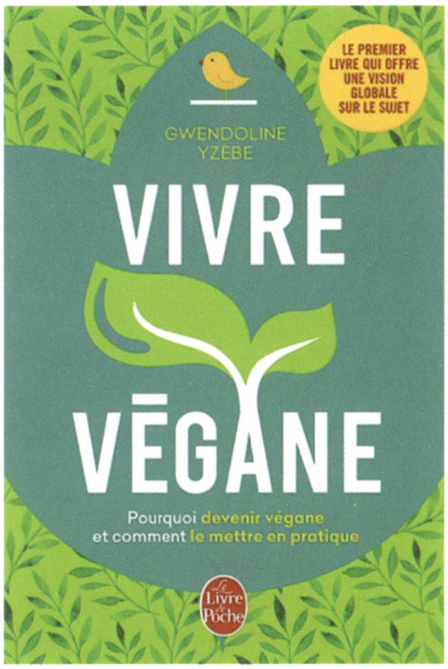

Gwendoline Yzèbe est l'auteure de *Vivre végane*, un excellent *vade-mecum* pour les véganes débutant(e)s, ou pour toute personne qui souhaite mieux connaitre ce mode de vie. Elle y raconte son propre parcours, explique les principales motivations de ceux et celles qui font ce choix – l'écologie, l'éthique, la santé – et retrace l'histoire du végétarisme à travers les siècles. Un chapitre sur la nutrition et les sources végétales des nutriments essentiels permet de comprendre que l'on peut effectivement être en pleine forme sans manger aucun produit d'origine animale. Une vingtaine de recettes facilitent l'initiation à la cuisine végétale avec des plats faciles et traditionnels, mais délicieux, comme le houmous, les spaghettis bolognaise ou le fondant au chocolat. L'auteure partage ses astuces pour choisir vêtements, chaussures et cosmétiques sans cruauté. Elle explique également comment préparer ses propres soins pour la peau et ses produits de ménage naturels à base d'huiles essentielles.

Elisabeth Lyman

Bébé Veggie

d'Ophélie Véron
La Plage, 2016

Bébé Veggie est le livre que les parents véganes de tout-petits attendaient tous depuis des années. Aucun ouvrage ne faisait le tour de la question aussi complètement. Celui-ci informe et guide ses lecteurs adéquatement. Des références sont aussi fournies tout au long de l'ouvrage pour ceux et celles qui voudraient approfondir un thème. On y parle bien sur de nutriments essentiels pour bébés, d'aliments en fonction de l'âge, de portions, d'allaitement, du choix de laits infantiles, de diversification menée par l'enfant, mais aussi de grossesse et même du meilleur choix de contenants pour la cuisson/transformation/conservation des aliments pour bébé. La section sur les laits végétaux infantiles qui semble être une innovation est une vraie mine d'or. De même, le chapitre sur la grossesse et la préconception est très bien documenté et rassurant.

L'ouvrage de l'auteure Ophélie Véron, bien connue pour son blogue *Antigone xxi*, traite également des questions controversées du soya ou des sensibilités au gluten, en s'appuyant sur de nombreuses études et statistiques. Les inquiétudes qui taraudent la majorité des parents sont abordées : « mon bébé ne mange pas » ou encore « mon petit peut-il manger cru ? » Il y a aussi une belle variété de recettes très intéressantes, accessibles et originales. Divisé en trois sections, fruits et légumes, céréales et protéines, on fait le tour des essentiels. Magnifiquement illustré par des photographies de Linda Louis, dans une esthétique légèrement vintage, *Bébé Veggie* est un livre presque parfait. On regretterait presque qu'il soit si court tant sa lecture est agréable. Un incontournable pour tous les parents et futurs parents véganes.

M. La Haise et J-P. Ricard

Libérez-nous

Patrick George
Éditions Pastel, 2016

Avertissement : ce livre pour enfants s'adresse à un auditoire informé. Sans texte aucun, l'ouvrage fonctionne par doubles pages où s'intercalent des films transparents figurant un animal. Ouvrage ludique, c'est en tournant ce transparent que l'on change alors l'environnement de l'animal. Ainsi, un vison est enroulé autour d'une branche d'arbre et lorsqu'on tourne la page, il est enroulé autour du cou d'une dame. Plusieurs thèmes sont abordés : chasse, pêche, mode, agriculture, zoo et cirque. C'est donc aux adultes d'expliquer et de poser des questions à l'enfant. Ce qui fait de ce petit livre un précieux outil pédagogique.

M. La Haise et J-P. Ricard

Des livres qui goutent bon

Vegan
collection *Fait Maison*
Hachette, 2015

Voici un ouvrage qui constitue globalement une bonne ressource. On lui donnera un petit bémol pour la préface et l'introduction qui démarrent sur un ton négatif et alarmiste à propos des risques de carences et des produits dont on doit se méfier. Mais en tournant la page, on découvre une belle présentation de la cuisine végétale. Une première section nous explique en images certaines techniques de préparation ou de cuisson des aliments (comment préparer son propre lait végétal, comment faire cuire des céréales à l'étouffée, comment travailler avec l'agar-agar…). Suivent deux exemples de menus pour une journée composés de plats du livre. Les recettes sont joliment présentées, chacune accompagnée d'une photo pleine page, d'une méthode soigneusement décrite et d'informations claires et utiles : le niveau de difficulté, le nombre de portions, le temps nécessaire, le coût et la présence ou non de gluten. On y retrouvera bon nombre de plats traditionnels : tartes salées, lasagnes, clafoutis aux cerises, et même un croque-monsieur et une bûche de Noël végétalisés ! J'ai testé le délicieux faux tarama de betteraves et d'oléagineux, avec sa belle couleur magenta, et je suis tombée sous le charme de la quiche « presque lorraine » à la pâte croustillante, avec les notes savoureuses du tofu fumé et la touche d'umami apportée par le miso blanc. Les prochaines recettes sur ma liste sont les samoussas d'épinard, la pizza aux légumes du soleil et le crumble aux poires et aux amandes.

Elisabeth Lyman

Vegan Super Facile
Collectif
Marabout, 2016

Ce titre de la collection *Super Facile* de Marabout sert d'initiation à la cuisine végétale en version simplifiée. Une courte introduction présente les avantages santé de cette alimentation et propose de bons conseils pour s'y mettre doucement, mais durablement. On passe ensuite directement aux recettes, qui sont – comme promis ! – super faciles, un grand atout pour les débutants en cuisine. En effet, des 69 recettes qui composent l'ouvrage, pas une seule ne compte plus de six ingrédients, lesquels sont d'ailleurs toujours représentés séparément en plus de la photo du plat. La méthode est expliquée de façon minimale, sans description du plat, à tel point que l'on regrette parfois un certain manque de renseignement : d'où viennent, par exemple, certaines épices exotiques, comment les remplacer, quelle est l'origine des recettes ? La plupart des plats sont assez originaux avec par moments des inspirations orientales ou asiatiques : couscous au chou kale, soupe thaïe au curry vert, bol de quinoa et kimchi, yakitori d'aubergine. J'ai mis à l'essai le fromage de cajou, une recette que l'on pourrait imaginer compliquée, mais qui s'avère inratable et tellement savoureuse. Je lorgne aussi une alléchante tarte à la citrouille et au dukkah. Enfin, mention spéciale pour la section « Que faire avec ? » à la fin du livre où l'on peut parcourir les recettes par ingrédient.

Elisabeth Lyman

Healthy vegan
Marie Laforêt
La Plage, 2016

Avec à son actif le blogue à succès *100 % Végétal* et une dizaine de livres de cuisine, Marie Laforêt est sans conteste la reine de la cuisine végane en France. En effet, c'est à elle qu'on doit *Vegan* (2014), l'un des premiers grands livres de recettes véganes rédigés en langue française. Elle récidive aujourd'hui avec *Healthy Vegan*, un titre consacré aux mets santé. On y retrouve son œil artistique – le stylisme et la photographie des superbes images qui illustrent ses recettes sont ses propres créations. Avec pas moins de 500 recettes alléchantes, ce livre est un bon investissement pour toute personne, qu'elle soit débutante ou chevronnée en cuisine, qui souhaite évoluer vers une alimentation plus saine sans se priver d'un certain côté gourmand. Le livre s'ouvre sur une introduction proposant des astuces pour consommer davantage d'aliments complets, colorés et variés, et moins de sucre et de produits transformés. Place ensuite à une présentation complète des différents appareils culinaires qui peuvent faciliter notre cuisine quotidienne ainsi que des ingrédients souvent employés dans une alimentation végane et santé. En passant aux recettes elles-mêmes, on découvre des mets sains bien connus comme les salades, les graines germées ou les *smoothies*, mais aussi des plats plus consistants et gourmands comme un parmentier au tofu fumé, des cannellonis d'aubergines, un gâteau chocolat-marrons et des gaufres. L'auteure n'oublie pas non plus les recettes plus exotiques ou surprenantes telles que du kimchi, du kombucha, des cuirs de fruits (roulés aux fruits), du ketchup cru ou un aïoli à l'avocat. Tout a également été pensé pour réaliser un repas à partir de zéro avec, entre autres, des recettes pour une pâte brisée, un haché végétal et même une pâte de curry. Coup de cœur pour la grande place accordée aux recettes sans gluten – la plupart le sont ; celles contenant du gluten sont identifiées en gras dans l'index, et donc faciles à repérer. Difficile de choisir des recettes à tester. J'ai finalement opté pour le rôti de noix et le très original *cheesecake* au sésame noir : toutes les deux délicieuses !

Elisabeth Lyman

Grimoire seitanique – 120 recettes apocalyptiques
Vegan Black Metal Chef
Éditions L'Âge d'Homme, 2015

Le Vegan Black Metal Chef est sans aucun doute l'antihéros chouchou du véganisme. Devenu un phénomène international grâce à ses vidéos sur YouTube, il nous présente maintenant son *Grimoire seitanique*, un recueil de 120 recettes simplissimes accompagnées de renseignements pratiques sur le véganisme. Alors que bon nombre de livres de cuisine végétale adoptent souvent une esthétique épurée et aseptisée « à la Instagram », et mettent en vedette des superaliments et des aliments crus ou fermentés, le musicien Brian Manowitz, végane depuis plus d'une quinzaine d'années, a choisi de faire les choses autrement. Il cuisine des aliments ordinaires et accessibles, et présente des recettes sans prétention accompagnées de photos lugubres, chargées et éclatées qui, disons-le, ne mettent pas toujours en valeur les concoctions de l'auteur. Le *Grimoire seitanique*, dans lequel la cuisine du monde et les simili-viandes sont à l'honneur, est surprenant à plusieurs égards : des couteaux médiévaux aux casseroles à pics, en passant par le maquillage du protagoniste du livre, sans oublier le langage réellement digne d'un grimoire (par exemple : « monte le feu et invoque les flammes de la colère », « après cette torture, dépose-la sur le lieu de son repos final, prête à être embaumée » et « ils commenceront à brunir comme le cul de Satan »). Toutefois, ce qui surprend le plus est l'absence de quantités dans les listes d'ingrédients. De fait, l'auteur a volontairement omis les mesures dans le but de présenter des concepts de cuisine, plutôt que des recettes. Ce procédé, qui encourage l'expérimentation et l'adaptation, peut toutefois être déroutant pour les personnes peu expérimentées en cuisine. Mais le *Grimoire seitanique* fait la preuve que même si la recette prend une tournure inattendue et que le résultat est une « bouette » peu attrayante, ce n'est vraiment pas la fin du monde – et c'est bon. Pour ma part, les recettes de sauce ranch végane et de hamburger aux haricots comptent parmi celles que je fais et refais souvent, pour un souper rapide, économique et nourrissant. Sortez grimoire et casseroles (à pics ou non), et apprêtez-vous à rire un coup pendant que vous préparez un repas réconfortant en deux temps trois mouvements, *black metal style* !

Ariane Bilodeau

Saveurs vegan
Ellen Frémont
Éditions Larousse, 2015

Ellen Frémont, végane et naturopathe spécialisée en sciences alimentaires et en arts culinaires, signe ce recueil de plus de 100 recettes naturelles, saines et gourmandes. Ce gros livre de près de 300 pages représente une belle manière de montrer aux curieux comme aux incrédules que la cuisine végétale est tout aussi variée et complète que sa voisine omnivore. Après une brève introduction sur le mode de vie végane et l'alimentation végétale, l'auteure nous dévoile ses meilleures recettes sans produits animaux et explore toute une panoplie de saveurs végétales. Chaque recette est accompagnée d'une appétissante photo pleine page avec des idées de présentations, d'utilisations et d'accompagnements. Il n'y a pas de commentaires ou de bulles d'informations qui surchargent les pages, et les recettes sont simples et bien expliquées, en plus d'utiliser des ingrédients accessibles (et, souvent, sans gluten). J'adore l'index par ingrédients, et je dois avouer qu'il est précieux parce que l'ordre des recettes est plutôt obscur… Mes coups de cœur? Les « lardons » de betterave, le popcorn apéritif au « fromage », le pâté de sarrasin aux herbes, le carpaccio de pastèque au piment d'Espelette et les délicieux – et simplissimes – falafels. J'ai aussi très hâte d'essayer le surprenant caviar de chia dans des sushis végétaux. Belle surprise: l'auteure a un penchant pour les algues, un aliment nutritif et gouteux qui mériterait d'être mieux connu. J'ai l'impression que je retournerai souvent consulter ce livre lorsque j'aurai besoin d'inspiration ou de nouvelles recettes végétales à intégrer à mon quotidien.

Ariane Bilodeau

Ma petite boucherie vegan
Sébastien Kardinal
et Laura VeganPower
La Plage, 2016

Chia, lin et psyllium
Clémence Catz
La Plage, 2016

Les éditions La Plage publient des auteurs engagés qui désirent autant partager des plats que des idées concrètes dans le domaine de l'écologie. Tout récemment, deux ouvrages compacts et abordables – imprimés sur du papier issu de forêts gérées durablement – remplissent cette mission de manières très différentes. Dans *Ma petite boucherie vegan*, Sébastien Kardinal et Laura VeganPower du site VG-Zone (le guide de la survie végétalienne à Paris) présentent leurs meilleures recettes de fausses viandes derrière une couverture provocatrice. Rillettes, gendarmes, ribs, nuggets: tous les classiques « carnés » s'y trouvent, en version végétalisée accompagnée de photos ultrabluffantes. Les recettes, pour la plupart à base de seitan, sont relativement simples à réaliser, sans qu'il ne soit nécessaire de remplir son garde-manger d'ingrédients saugrenus. On craque pour la terrine à base de champignons et de tofu, les steaks au poivre et le yakitori (brochette dont chaque morceau a la taille d'une bouchée). On a toutefois une petite appréhension quant à la cuisson des saucissons dans une pellicule de plastique et à l'utilisation de tempeh cru dans le tartare. À tester! Pour sa part, avec *Chia, lin et psyllium*, l'auteure Clémence Catz présente des textes aussi concis qu'informatifs sur les trois ingrédients vedettes du petit ouvrage. S'y ajoute évidemment une gamme variée de recettes végétaliennes et sans gluten, bourrées de superaliments et parfois crues. J'ai hâte d'essayer le yaourt de cajou à la vanille, les pancakes gingembre et coco, et les biscrus, mais j'aurais aimé retrouver plus de manières d'intégrer ces trois ingrédients chouchous – et fort méconnus – dans des recettes de mets principaux. Après tout, les boulettes forestières comptent parmi les recettes qui donnent le plus l'eau à la bouche!

Ariane Bilodeau

Du chien dans mon assiette ?

Kévin Barralon

Lors d'un généreux banquet dominical, alors que vous dégustez un délicieux mets, l'envie vous prend d'en demander à votre hôte la recette. On vous fait savoir que le plat tant savouré contient en fait de la viande de chien. « Du chien ? Comment ça, du chien dans mon assiette ? », répondriez-vous peut-être avec dégout. Manger du cochon ou de la vache, oui. Mais du chien, certainement pas !

Mais pourquoi consommer certaines espèces serait moralement répréhensible quand d'autres sont légitimement abattues en masse ? C'est un paradoxe complexe que Melanie Joy, docteure en psychologie, tente d'expliquer dans son ouvrage, récemment traduit dans la langue de Molière, *Introduction au carnisme*.

Derrière ce paradoxe se cache le *carnisme* que Melanie Joy définit comme « le système de croyances qui nous conditionne à manger certains animaux ». Dans la plupart des sociétés modernes, la consommation d'animaux ne relève pas de la nécessité ou de la survie, mais d'un choix. Un choix par défaut, irréfléchi et spontané. Melanie Joy a simplement donné un nom à cette norme transparente qu'est la consommation de produits d'origine animale.

Le carnisme, jusqu'à présent une idéologie anonyme, est essentiellement fondé sur la « violence ». Une violence camouflée, certes, mais qui n'en demeure pas moins responsable de la mort de milliards d'animaux pour des raisons qui ne relèvent pas de la nécessité, mais de l'accoutumance. Du fameux « c'est comme ça ».

Pourtant, nous rejetons à peu près tous l'oppression. Comment une société peut-elle s'octroyer un droit à la violence sur des espèces traitées arbitrairement comme subalternes ? Une des principales armes du carnisme est la « dissimulation ». Ce qui ne se voit pas n'existe pas. La nébuleuse industrie de la viande a un intérêt manifeste à déguiser la réalité. Entretenir cette dissimulation, c'est perpétuer l'idée que la moralité n'a rien à voir avec le fait de se nourrir de la chair des animaux.

Mais ce prétexte de la dissimulation ne constitue pas un truisme qui expliquerait à lui seul l'idéologie carniste. Selon les dires de Melanie Joy, « quelque part, nous savons la vérité ». Nous savons que, derrière les murs des abattoirs, on abat, on tue en masse pour satisfaire les papilles de ceux qui « savent sans savoir ». La normalisation de la violence n'a pas pour conséquence de la faire disparaitre de nos consciences. Cette « banalité du mal », on l'apprivoise, on la minimise pour cohabiter tant bien que mal avec elle et éliminer ce sentiment peu confortable de culpabilité.

Melanie Joy a simplement donné un nom à cette norme transparente qu'est la consommation de produits d'origine animale.

La mythologie de la viande

Le système carniste repose sur une mythologie qui encourage l'absence de réflexion. Elle est représentée par ce que Melanie Joy appelle les « Trois N de la justification » ou la sacrosainte trinité du « c'est normal, naturel et nécessaire ». Cette fable, que l'on se raconte pour minimiser la violence de l'industrie de la viande, maquille nos contradictions et nos incohérences.

Elle est entretenue par ceux qui font autorité dans nos institutions : les professeurs, les personnes en blouses blanches, les politiciens, etc. D'après l'auteure, « les professionnels jouent un rôle clé dans l'entretien des idéologies violentes ». Cependant, cette perpétuation du mythe n'a pas forcément quelque chose à voir avec un acte conscient. Ces figures de l'autorité elles-mêmes sont noyées dans l'idéologie carniste et, comme tout un chacun, elles restent passives face aux croyances qu'elles ont reçues en héritage.

C'est bien notre perception qui est déformée. Les animaux non humains deviennent des choses, des « abstractions ». Ils ne sont plus des singularités avec des préférences, des émotions ou des sentiments.

Parmi les « fabricants de mythes », on retrouve ceux qui tiennent les rênes et qui influencent l'opinion : l'agro-industrie animale dont le profit réside dans le maintien de la fable carniste. À l'instar de sentinelles au service de l'imposture, leur rôle est de s'assurer que « les mythes existants continuent à s'épanouir », afin de laisser le masque de la norme dénaturer la réalité.

Car finalement, c'est bien notre perception qui est déformée. Les animaux non humains deviennent des choses, des « abstractions ». Ils ne sont plus des singularités avec des préférences, des émotions ou des sentiments. Bien au contraire, ils constituent un amas homogène, dans lequel toute individualité a été anéantie. N'est-il pas courant, chez les éleveurs par exemple, d'apprendre à ne pas trop s'attacher aux animaux qu'ils élèvent ? La réification de l'animal atténue un certain désagrément moral.

La dénomination de cette idéologie carniste nous permet de l'analyser et de mieux la comprendre. Elle permet aussi de la rendre visible, de démontrer ses failles et ses contradictions. Aussi, comprendre le carnisme « peut nous aider à réfléchir de façon plus critique à tous les systèmes auxquels nous participons ». Car le carnisme, comme toute idéologie fondée sur la violence, constitue le témoignage d'une injustice sociale que notre société se doit d'abolir.

Kévin Barralon est blogueur au *Huffington Post* et à *Patate & Cornichon*.

Introduction au carnisme – Pourquoi aimer les chiens, manger les cochons et se vêtir de vaches ? de Melanie Joy (L'Âge d'Homme, 2016)

Pour une stratégie végane sans ambiguïté

Thomas Lepeltier

Casey T. Taft, *Motivational Methods for Vegan Advocacy: A Clinical Psychology Perspective* (Vegan Publishers, 2016).

Pour que demain le monde soit végane, faut-il demander aux carnistes de réduire leur consommation de produits d'origine animale ? Ou faut-il leur dire tout de suite de l'arrêter complètement ? Pour Casey Taft, la réponse ne fait pas de doute…

Savoir quelle stratégie adopter pour convaincre les carnistes de devenir véganes est souvent un sujet de dispute. Pour simplifier, disons qu'il y a d'un côté les véganes qui se contentent d'encourager les campagnes œuvrant à la diminution de la consommation de produits d'origine animale (par exemple, les lundis sans viande) parce qu'ils se méfient des demandes trop radicales, de peur d'effrayer les carnistes qu'ils veulent convaincre. On peut les appeler les réductionnistes, au sens où ils estiment plus efficace d'inciter les carnistes à réduire leur consommation de viande, lait et œufs que de leur demander de l'arrêter totalement. Leur objectif reste bien sur de transformer les carnistes en véganes, mais ils pensent qu'il est plus judicieux de le faire étape par étape.

D'un autre côté, il y a les véganes qui pensent que la promotion de ces demi-mesures a très peu d'utilité. Pour eux, il faut dès le départ rendre explicite le message végane dans son intégralité, c'est-à-dire qu'il faut demander un arrêt total de l'exploitation des animaux et, en particulier, un arrêt complet de la consommation des produits d'origine animale. C'est, aux yeux des partisans de cette seconde stratégie, la seule façon de faire comprendre aux carnistes le sens du véganisme et de les inciter sérieusement à devenir véganes. Entre ces deux camps, la bataille est parfois virulente.

Dans ce livre, Casey Taft, professeur de psychiatrie à la Faculté de médecine de l'Université de Boston, prend définitivement parti en faveur du second camp. L'idée au cœur de la première stratégie pourrait pourtant sembler pertinente. Plutôt que de demander aux carnistes de faire un gros effort, comme de devenir véganes, il peut sembler judicieux de commencer par les inciter à faire un petit effort, comme diminuer leur consommation de viande, de lait ou d'œufs. Après ce premier pas, ils pourront, selon cette idée, facilement faire un petit effort supplémentaire et finiront ainsi, petit à petit, par devenir véganes. C'est ce qu'on peut appeler la stratégie des « petits pas ». Mais Taft n'y croit pas.

La première raison de son incrédulité est qu'aucune donnée empirique ne vient appuyer cette première stratégie. Les études de psychologie clinique relatives aux changements de comportement semblent même l'infirmer. En tant que spécialiste de la prévention de la violence, en particulier conjugale, Taft connait bien les études ayant été faites pour déterminer la meilleure façon d'inciter des personnes violentes à arrêter de l'être (études qui n'existent pas en ce qui concerne le véganisme). Or, il apparait que fixer un objectif clair, même s'il est à long terme, est la stratégie la plus éprouvée pour obtenir un réel changement de comportement. Quand on demande simplement aux gens de faire de leur mieux, cela conduit à moins de changement. Pour les personnes concernées, il est en effet difficile de s'engager véritablement à changer sans avoir à l'esprit un objectif bien clair à atteindre. Du coup, si les véganes veulent encourager les carnistes à ne plus l'être, ils devraient les inviter explicitement à devenir eux aussi véganes et non leur suggérer de réduire leur consommation de produits d'origine animale. Voilà pourquoi, selon Taft, toutes les campagnes réductionnistes, en se privant d'un but clairement défini, ont peu de chance d'aboutir à des changements substantiels.

L'autre grande raison pour laquelle Taft ne croit pas à la stratégie réductionniste est qu'elle mine le message qu'elle est censée promouvoir. De fait, être végane, c'est considérer que même une exploitation modérée des animaux n'est pas tolérable. Or, en demandant aux carnistes de seulement diminuer leur consommation de produits d'origine animale, les réductionnistes laissent entendre que le problème n'est pas de tuer des animaux sans nécessité, mais d'en tuer trop. Comment peuvent-ils ensuite faire comprendre que le véganisme est une question de justice ? Imaginons, écrit Taft, une campagne contre la violence conjugale qui ferait la promotion des lundis sans violence ! Ne serait-ce pas absurde ? Qui plus est, par ce genre de compromis, les réductionnistes risquent de faire passer les autres véganes pour excessifs et donc, sans le vouloir, de décrédibiliser l'éthique non violente du véganisme.

Selon Taft, les réductionnistes commettent l'erreur de se fonder sur leur propre parcours d'apprentis véganes pour définir leur stratégie. En l'occurrence,

Or, en demandant aux carnistes de seulement diminuer leur consommation de produits d'origine animale, les réductionnistes laissent entendre que le problème n'est pas de tuer des animaux sans nécessité, mais d'en tuer trop.

comme ils sont devenus véganes progressivement, à l'instar de la plupart des véganes, ils pensent que la promotion du véganisme doit se faire de manière progressive. Mais, toujours en s'appuyant sur les études de psychologie clinique, Taft rappelle que définir un objectif précis est la meilleure façon de motiver et d'inciter à un changement de comportement. Certes, une fois que l'objectif a été clairement expliqué, ceux qui le trouvent justifié peuvent avoir du mal à l'atteindre. Ils ont éventuellement besoin d'avancer par étapes. Dans ce cas-là, il faut les aider en leur donnant des conseils pratiques. Mais, selon Taft, leur demander de franchir des étapes sans avoir fixé l'objectif final a peu de chance d'aboutir. D'ailleurs, il estime que si les réductionnistes avaient reçu un message clair dès le début de leur cheminement vers le véganisme, ils seraient probablement devenus véganes plus rapidement. Certains le seraient peut-être devenus du jour au lendemain.

Une autre erreur des réductionnistes serait d'oublier qu'une stratégie s'adresse à des individus et non à la société dans son ensemble. Afin de justifier la stratégie des « petits pas », ils aiment en effet répéter que le monde ne va pas devenir végane du jour au lendemain. Ils en déduisent qu'il faut l'encourager à avancer par étapes et non faire des demandes qu'ils jugent irréalistes. Pourtant, cette apparente sagesse oublie que ce sont les individus qu'il faut convaincre. Or ces derniers ont besoin d'un message clair pour initier une amorce de changement. Tous ne changeront pas à la même vitesse. Donc, effectivement, le monde ne deviendra pas végane d'un coup. Mais ne pas demander aux individus qui le composent de le devenir retarde le moment où il le deviendra. Répéter régulièrement que le monde mettra du temps à devenir végane a même un effet dissuasif pour ceux qui auraient la velléité de le devenir. En effet, à quoi bon faire un effort, peuvent-ils se dire, si le reste de la société ne le fait pas !

Enfin, selon Taft, une troisième erreur des réductionnistes serait d'attacher trop d'importance aux réactions des carnistes. Quand ces derniers sont confrontés au message végane, et donc à des informations concernant leur participation à la cruelle exploitation des animaux, ils s'en prennent souvent à celui qui transmet ces informations. Ils lui reprochent son agressivité ou son côté moralisateur. Cette réaction est bien sur absurde. On ne devrait pas s'en prendre au messager qui apporte de mauvaises nouvelles. Néanmoins, de peur de susciter ce genre de réaction, les réductionnistes se mettent à l'écoute des carnistes pour savoir comment présenter leur message. Ayant vaguement conscience que l'exploitation des animaux pose problème, les carnistes se disent alors tout à fait ouverts à un discours qui encouragerait une diminution de la consommation de produits d'origine animale. Du coup, les réductionnistes édulcorent le message du véganisme et les carnistes apprécient davantage discuter avec eux. Mais cela rend peu probable qu'ils s'engagent véritablement à essayer de devenir véganes. Selon Taft, cette démarche réductionniste s'apparenterait à celle d'un mouvement antiraciste demandant aux racistes quelle est la meilleure manière de lutter contre le racisme. Comment imaginer qu'une telle stratégie porte ses fruits ?

S'il défend donc une stratégie sans ambiguïté, Taft n'estime pas pour autant que celle-ci doive être mise en œuvre sans nuance. Il sait bien que les gens ne changent pas du jour au lendemain, même quand ils ont compris que ce qu'ils font est mal. Pour changer, ils ont souvent besoin d'être aidés et soutenus. Or cet accompagnement aura plus de chances d'être efficace s'il se montre cordial et compréhensif. Dans le livre, Taft donne d'ailleurs bon nombre d'exemples de la façon dont les carnistes peuvent être encouragés de manière positive à opérer leur transition vers le véganisme. Mais à chaque fois, il réitère que cet accompagnement n'est efficace qu'à condition de mettre en avant l'objectif à atteindre et de faire bien comprendre que les « grands pas » sont préférables aux « petits pas », pour ne rien dire des piétinements.

Dans les récurrentes querelles concernant les stratégies véganes, une telle mise au point est-elle en mesure de convaincre les réductionnistes d'être plus directs ? Ou y trouveront-ils à redire ? Le débat est ouvert…

Thomas Lepeltier est un historien et philosophe des sciences, ainsi que l'auteur de *La révolution végétarienne* (Éditions Sciences Humaines, 2013).

Insolente Veggie,
Rosa B.,
La Plage, 2015

arts visuels, photographie, installations, cinéma

Photo Same Ravenelle

Quand les animaux conquièrent la cité. La subversion douce de NEOZOON

Julia Roberge Van Der Donckt

Masquées, les membres de NEOZOON créent des interventions urbaines dans plusieurs villes d'Europe. Tantôt furtives, tantôt élaborées, leurs œuvres font sourire passants et internautes, mais elles esquissent avant tout une géographie de la domination humaine.

Fondé en 2008 à Paris et Berlin, le collectif formé de trois femmes tire son nom de l'allemand *neozoon* (néozoaire en français, signifiant littéralement « nouvel animal »), terme qui désigne des espèces non indigènes introduites volontairement ou non par l'humain dans un environnement donné, et qui peuvent devenir invasives. Si les artistes qui évoluent au sein de ce groupe ne se réclament pas explicitement du mouvement antispéciste (avares d'explications, elles préfèrent laisser leurs œuvres parler d'elles-mêmes), leur travail aborde sans détour de multiples facettes de l'exploitation animale, qu'il s'agisse de divertissement, de l'industrie agroalimentaire ou des animaux de compagnie.

NEOZOON s'est d'abord fait connaitre par ses créations de *street art* réalisées à partir de manteaux de fourrure de seconde main. Parfois associé à la figure de la femme âgée, ce vêtement est d'ailleurs à l'origine des masques de vieilles dames que portent les artistes. Symboles de prestige pour les uns et de cruauté pour les autres, ces peaux sont rapidement devenues le médium de prédilection du collectif, leur permettant de façonner des silhouettes animales variées. Lapins bondissants, taureaux courroucés et agneaux numérotés ont ainsi envahi les rues du Vieux Continent. À priori amusantes, ces créatures velues sont pourtant bien plus que de simples représentations : elles convoquent précisément ce que l'industrie de la mode s'efforce de faire oublier aux consommateurs, à savoir l'existence d'animaux élevés dans l'unique but d'être transformés en pièces de vêtements. Ces interventions sont particulièrement troublantes lorsqu'elles sont apposées à proximité d'anciens abattoirs, tels les spectres des bestiaux hantant le site de leur mise à mort. Elles peuvent ce faisant être entendues comme une réponse à l'invisibilisation de l'abattage des animaux d'élevage – une pratique jadis effectuée à même les centres urbains et à la vue de tous – qui s'est opérée à partir du XIXe siècle en Europe[1].

Après ces premières expérimentations avec la fourrure, le répertoire d'action de NEOZOON s'est élargi à l'installation et à la vidéo. Poursuivant leur démarche d'appropriation subversive, les artistes ont détourné des panneaux publicitaires et inséré de faux produits carnés dans des supermarchés (pâté de hérisson, dents de bœuf, gelée de poussin). Elles ont également créé des vidéos constituées de montages de films amateurs glanés sur YouTube. Jouant sur le malaise du spectateur, ces œuvres tracent une typologie des comportements des humains envers les animaux, qui oscillent entre la banalisation de la violence et la fascination excessive. Y sont notamment répertoriées des parties de chasse savamment scénographiées et des séquences où des individus exhibent leur animal de compagnie[2]. Dans *My BBB 8L3W* (2014), par exemple, des dizaines de femmes présentent leur chat ou leur chien, tous visiblement inconfortables, via webcam. Leurs voix aiguës

NEOZOON, *BAH BAH BLACK SHEEP*, abattoir désaffecté, Dresde, 2010

NEOZOON, *Das Mantelier-The non-toed fur coatie*, Zoo de Münster, 2010

résonnent à l'unisson : « Are you camera shy? Look at the camera! He's my furry baby! ». Ainsi juxtaposés, ces fragments de réalité révèlent toute l'absurdité de notre rapport aux animaux.

En plus de faire apparaitre des animaux dans des contextes inattendus, NEOZOON, comme son nom l'indique, a entrepris de créer de nouvelles espèces. Déclinées sous forme d'installations et de sculptures robotisées, ces créatures peuvent être interprétées comme le résultat de manipulations génétiques visant à créer des animaux adaptés aux besoins – ou plutôt aux caprices – des humains. C'est ainsi qu'a vu le jour *Das Mantelier (The non-toed fur coatie)*, un mammifère paisible ayant les traits d'un manteau de fourrure. Après être revenus à la vie au moyen de respirateurs, les « manteliers » se répandent dans la ville, puis sont exposés dans un véritable jardin zoologique. Si un examen attentif révèle la supercherie de ce dispositif, les mouvements lents et répétitifs des spécimens se confondent facilement avec les stéréotypies[3] observées chez les animaux maintenus en captivité. Dans l'œuvre d'art public *Everything has an end... (except Wurst)* (2015), de volumineuses saucisses factices, spécialité culinaire allemande, sont insérées dans des cages de gestation, telles des truies et des porcelets destinés à la consommation humaine. À la stupéfaction des passants, les pièces de viande remuent, grognent et respirent lourdement.

À quoi bon faire naitre des êtres sentients alors qu'on peut se contenter de créer des animaux qui sont exactement ce qu'on attend d'eux, c'est-à-dire des objets serviles ? NEOZOON nous propose de considérer notre rôle dans ce scénario dystopique qui n'est pas si loin de la réalité actuelle. Et si c'était nous l'espèce invasive ?

Julia Roberge Van Der Donckt est doctorante en histoire de l'art et bénévole à la SPCA de Montréal.

NEOZOON, *Pilosa*, Paris, 2009-2010

1 Voir Damien Baldin, « De l'horreur du sang à l'insoutenable souffrance animale. Élaboration sociale des régimes de sensibilité à la mise à mort des animaux (XIXe-XXe siècles) », *Vingtième Siècle. Revue d'histoire*, nº 123, p. 52-58, 2014.

2 Des extraits de ces œuvres peuvent être visionnés sur Vimeo www.vimeo.com/neozoon.

3 Comportements anormaux (tics variés : balancement, déambulation, etc.).

NEOZOON, *Everything has an end... (except Wurst)*, Munich, 2015

NEOZOON, *Bestia Recreata*, Nogallery, Berlin, 2009

Where Hunting Dogs Rest Martin Usborne

Les lévriers sont utilisés depuis des siècles pour la chasse au lièvre dans les communautés rurales d'Espagne. Au XVIIe siècle, ces chiens étaient associés à la noblesse et protégés par la loi, ils apparaissaient même dans les testaments des aristocrates. Ces animaux connaissent un destin radicalement différent aujourd'hui. On estime que 100 000 lévriers sont abandonnés ou mis à mort chaque année lorsque prend fin la saison de la chasse en février, étant considérés comme trop vieux ou trop lents pour être d'utilité l'année suivante.

La majorité de ces chiens sont abandonnés le long des routes ou envoyés dans les fourrières gouvernementales où les attend une mort certaine. D'autres subissent un sort plus cruel encore : lorsque leurs performances sont jugées insatisfaisantes, ils sont pendus ou jetés vivants dans des puits.

S'éloignant des images de souffrance, ces photographies montrent des lévriers pris en charge par des refuges ainsi que les lieux où des chiens moins chanceux ont trouvé leur ultime repos.

Martin Usborne, *Galgo 11*, 2013–2015

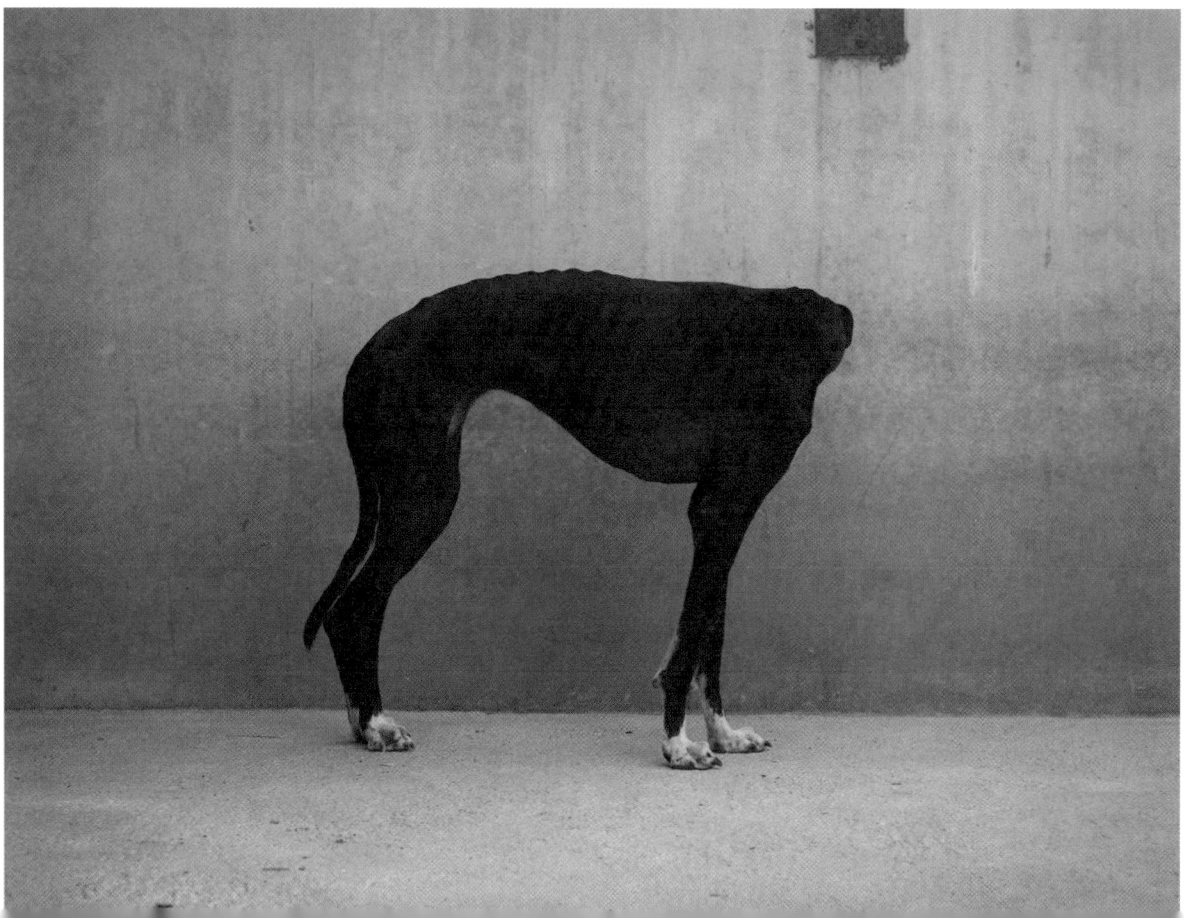

Martin Usborne, *Railway Line & Galga*, 2013–2015

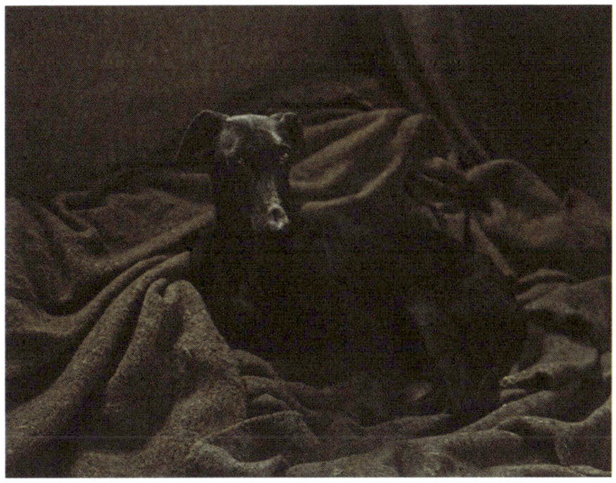

Martin Usborne, *Ravine & Galgo*, 2013–2015

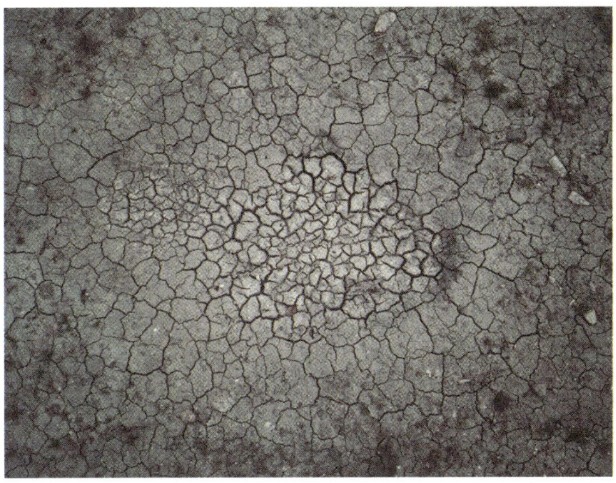

Martin Usborne, *Earth & Galga*, 2013–2015

Martin Usborne
www.martinusborne.com

112 Carlota Galgos (Malaga)
www.112carlotagalgos.com

Fundacion Benjamin Mehnert (Séville)
www.fundacionbm.com

Martin Usborne, *Bridge*, 2013–2015

Martin Usborne, *Galgo 15*, 2013–2015

Gorge Cœur Ventre et *Faeryland*: grandeur et décadence de l'animalisme au cinéma

Camille Brunel

Tout n'est plus bon à prendre dans l'animalisme : il fut peut-être un temps où les activistes étaient si rares qu'ils ne pouvaient se permettre de choisir la qualité de leurs armes. Mais aujourd'hui, les sorties se chevauchent presque et l'on peut se permettre d'affirmer sa préférence pour *Gorge Cœur Ventre* plutôt que pour *Faeryland*, voire affirmer que le premier est aussi précieux pour la cause que le second lui est nocif – à condition d'expliquer pourquoi, bien sur.

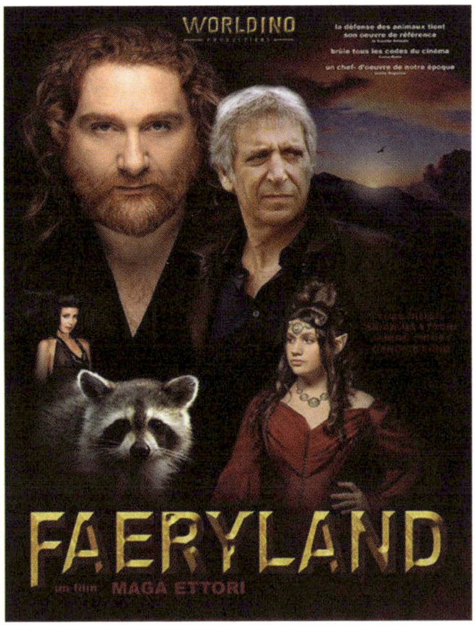

France, automne 2016. Les *Inrocks* consacrent leur une à la « folie veggie » et apportent leur soutien à deux films de réalisateurs véganes : *Faeryland*, de Magà Ettori, et *Gorge Cœur Ventre*, de Maud Alpi. On pourrait les rapprocher en un beau geste de fraternité militante : chacun dénonce en effet l'enfer de l'exploitation animale par le biais de la fiction, tout en ayant cependant recours à des images de maltraitance animale directement prélevées dans la réalité des élevages. Ce serait une erreur.

Passons rapidement sur les considérations critiques habituelles : qualité de la photo (splendide chez Alpi, amateure chez Ettori), travail du scénario (ciselé chez Alpi, foufou chez Ettori), cohérence des univers (un vagabond se fait engager dans un abattoir chez Alpi, un druide, une elfe et un dieu guerrier se battent contre un virus chez Ettori). Fin août 2016, *Gorge Cœur Ventre* est ainsi récompensé au Festival de Locarno, connu pour sa programmation éclectique et exigeante ; tandis que *Faeryland* peine à sortir du circuit militant – à la séance de 20 h 15 à Puteaux, le lundi 10 octobre, nous étions deux.

Il importe peu, cependant, que le film rappelle le cinéma d'Ed Wood par de nombreux aspects – Yves Duteil en Béla Lugosi, nudité féminine tous les deux plans, immense naïveté du propos et sympathique mégalomanie du réalisateur, qui se donne le rôle du dieu guerrier. Le problème qui nous concerne est celui de la stratégie déployée – or c'est ici que le bât blesse.

Gorge Cœur Ventre a joué la carte de la prudence, séparant soigneusement sa carrière en salles de sa vie dans le milieu associatif, l'attachée de presse étant consciente des risques qu'il y avait à présenter aux critiques un film estampillé « antispéciste » – la réalisatrice raconte qu'il arriva à certains spectateurs de se protéger de la violence de certaines scènes en se disant que tout allait bien, ce n'était pas un film militant, juste une fiction... *Faeryland*, à l'inverse, revendique son engagement : pas un article, pas une affiche, pas une publication Facebook sans que le réalisateur ne rappelle ce qu'il imagine (à tort) être « le premier film vegan ».

Les véganes verront leur curiosité piquée, sans doute. *Quid* de tous les autres ? Le film semble pourtant s'adresser à ceux qui ont encore besoin d'être convaincus : entre une injonction à ne pas détourner le regard et quelques rappels maladroits des désastres occasionnés par l'humain sur la gent animale, *Faeryland* se rêve en film-dossier capable de dessiller les yeux de ceux qui en seraient encore à manger de la viande.

Cruelle nuance : Alpi fait son film pour les animaux, Ettori pour les véganes. Ce n'est ainsi pas un hasard si le subtil (!) message subliminal aperçu au début de *Faeryland* n'est pas « Go Vegan », mais « Be Vegan » ; pas un hasard non plus si le mot n'est jamais employé dans son orthographe francisée, mais *hype* ; pas un hasard enfin si le salon Veggie World, axé sur la diététique, est remercié à la fin du générique de *Faeryland*, tandis qu'Yves Bonnardel, fondateur de la Veggie Pride, carnaval antispéciste parisien, voit son nom apparaitre dans les remerciements de *Gorge Cœur Ventre*.

Alors même qu'il prêche à des convaincus, *Faeryland* repose paradoxalement sur une gargantuesque quantité de pathos, recouvrant les images de chiens viverrins en train de se faire tabasser, sous des tonnes de violons dégoulinants, de « oh là là » et de « Non !! » éplorés en voix *off* ; sans parler des raccords sur des ratons laveurs heureux, ni de la façon qu'a Ettori de se jeter sur les parallèles avec l'Holocauste comme un gosse sur ses frites, à peine ouvert son *Happy Meal*. Mais il y a surtout quelque chose d'obscène dans le fait de plaquer son *heroic fantasy* personnelle sur les images d'animaux mourants, comme si la violence réelle ne se suffisait pas à elle-même.

Alpi, elle, ne tire aucune fierté de son séjour aux enfers. *Gorge Cœur Ventre* ne s'achève donc pas sur une énième pirouette rhétorique (« Nous aurions aimé vous dire que ce tournage s'est déroulé sans cruauté animale », regrette *Faeryland*), mais sur un requiem aussi sobre que bouleversant, à l'image du film : « Avec toutes les vaches, tous les taureaux, tous les veaux, tous les cochons, tous les poulets, les moutons et les agneaux, tous les animaux sans nom morts à l'abattoir ». Elle donne par là une existence aux victimes des abattoirs, et c'est tout ce qui compte – « vegan » ou pas, peu importe.

Faeryland, de Magà Ettori – 94 minutes (sortie le 21 septembre 2016)

Gorge Cœur Ventre, de Maud Alpi – 82 minutes (sortie le 16 novembre 2016)

Camille Brunel est romancier (*Vie Imaginaire de Lautréamont*, aux éditions Gallimard) et critique de cinéma. Il écrit notamment pour la revue de prospective *Usbek & Rica* et tient une chronique animaliste hebdomadaire pour la revue du Café des Images, *Le Café en Revue*.

Illustration Aurore Danielou

Lora Zepam te parle des mouches (*Musca domestica & friends*)

Dans *La mouche*, de Cronenberg, un scientifique, Brundle, se métamorphose graduellement en mouche après que son ADN se soit mélangé à celui d'une mouche qui s'est introduite dans son téléporteur – de la belle science-fiction, avec une tite dose d'horreur. Si tu as vu ce film, tu as dû remarquer que la mutation de Brundle en mouche ne comportait pas que des aspects dégueu. Sa vitesse et sa souplesse décuplaient, ses sens s'affinaient, il devenait un humain doté de superpouvoirs. Un superhumain. Mais la mouche domestique, *Musca domestica*, serait-elle elle-même un autre de ces superinsectes que j'aime tant ? Bin kin. Laisse-moi t'expliquer pourquoi.

Les mouches sont des insectes de l'ordre des diptères (*diptera*, deux ailes, ils n'ont qu'une paire d'ailes) omniprésents sur la planète. La plus commune, la mouche domestique, nous suit presque partout. C'est sur, elle mange notre marde ! Pis c'est même pas une manière de parler : le guide alimentaire de *Musca domestica* recommande aux mouches et à leurs enfants asticots de manger une belle variété de détritus, comme des charognes ou, oui oui, des cacas. On peut dire que les mouches en général sont des animaux saprophages, c'est-à-dire qu'elles mangent des matières végétales et animales en décomposition, mais certaines espèces ont leurs préférences. Par exemple, la mouche à damier *Sarcophaga carnaria* et les mouches de la famille des *Caliphoridae* (la mouche verte *Lucilia sericata*, et les mouches bleues *Calliphora vicina* et *C. vomitoria*) sont particulièrement attirées par les charognes, sur lesquelles elles pondent leurs œufs afin que leur progéniture se nourrisse de bonne viande avariée.

Lorsqu'elle trouve du bon manger à son gout, la mouche crache de la salive dessus pour le prédigérer, puis elle l'aspire avec sa bouche en forme de trompe, parce qu'elle ne se nourrit que de *smoothies*. Détail que tu vas trouver dégueulasse : quand la mouche se balade sur tes aliments, il lui arrive souvent de vomir son repas précédent pour ensuite l'aspirer. Faut pas la juger, c'est sa manière à elle de digérer. Pis elle est vraiment pas capricieuse côté gastronomie, alors faut pas s'étonner de la retrouver à peu près partout dans le monde. Dans les régions plus froides, elle ne vit qu'en compagnie de l'humain. Sous 7 °C, *Musca domestica* entre en état de torpeur. Sous 5 °C, elle meurt. Elle traverse nos hivers québécois sous forme adulte ou pupale, dans des abris (comme ton grenier).

Les mouches semblent résister à tout, et c'est ce qui les rend un peu effrayantes aux yeux de certaines personnes, comme mon ex, qui trouve qu'elles sont les insectes les plus répugnants du monde. « J'ai rien contre les mouches, mais elles me rendent hystérique. L'autre jour j'ai tué 15 fois la même. A revenait tout l'temps ! » En effet, essayer de se débarrasser des mouches est à peu près aussi réaliste que de vouloir tuer Jason Voorhees. Serait-ce à cause de leurs superpouvoirs ?

Les superpouvoirs en question

Même si la mouche se tient pas mal dans les vidanges et dans la marde, elle est en quelque sorte propre, car elle passe beaucoup de temps à faire sa toilette, chose essentielle si elle veut garder aiguisés ses sens qui la rendent aussi perfectionnée. Elle investit donc beaucoup de temps à nettoyer ses gros yeux composés, ses courtes antennes, ainsi que ses pattes, sous lesquelles se trouvent des récepteurs de l'odorat et du gout. Toujours propre, toujours prête.

Incapable de capturer une mouche avec ta main ? C'est peut-être parce que t'as pas été formé par monsieur Miyagi, mais c'est peut-être aussi parce que la mouche peut réagir dix fois plus vite que toi, soit en moins de deux centièmes de seconde. Elle

Les mouches, ça niaise pas ! C'est mange-fourre-pond-meurt dans le temps de le dire.

a trois yeux simples, des ocelles, mais on remarque surtout ses deux énormes yeux à facettes. Trois mille facettes. Peut-elle regarder trois mille tas de marde simultanément ? Dur à dire. Mais on sait qu'elle a une perception de la vitesse super efficace.

Avec une vitesse moyenne d'environ 8 km/h, la mouche peut tout de même dépasser les 80 km/h quand elle a le feu au cul, en plus d'être douée dans les manœuvres aériennes. Derrière sa paire d'ailes, elle a une paire d'haltères, ou balanciers, qui l'aide à conserver sa stabilité et son orientation. Quand on la regarde aller pis qu'elle part en zigzaguant, on a l'impression d'avoir affaire à un individu en état d'ébriété, mais non ! Oh non ! La mouche est en contrôle de son vol. Tout ça est voulu. En plus, elle peut marcher sur les murs et au plafond sans problème.

Live fast, die young

Au cours de sa brève vie – qui dure généralement de deux à quatre semaines –, la femelle pond des centaines d'œufs, parfois jusqu'à mille. Imagine la scène : si une seule mouche décide de pondre dans ta poubelle parce que tu y as laissé des aliments trop alléchants en pleine canicule, tu peux facilement y découvrir une centaine d'asticots le lendemain. Les mouches, ça niaise pas ! C'est mange-fourre-pond-meurt dans le temps de le dire. À peine 36 heures après sa mue, madame mouche est déjà prête à

La plus commune, la mouche domestique, nous suit presque partout. C'est sur, elle mange notre marde !

fonder une famille. Chez les mouches, on sèche les cours d'éducation sexuelle. En plus, elles font ça en quelques minutes, voire seulement quelques secondes. Efficacité est le mot d'ordre.

Maman mouche pond ses œufs sur une source de nourriture et ceux-ci éclosent en moins d'une journée. Les asticots, qui mesurent entre 3 et 9 mm, prennent de 14 heures à une semaine pour

se transformer en pupes, qui correspondent au stade nymphal chez les diptères, juste après avoir trouvé un endroit sec et frais pour effectuer leur dernière mue.
Techniquement, une mouche qui fait sa première ponte en avril aurait 191 010 000 000 000 000 000 descendants en août si chacun d'eux survivait et se reproduisait. Mais, en réalité, c'est pas ça pantoute qui se produit, parce que les mouches ont quand même la vie dure. Elles doivent faire face à un grand nombre de prédateurs (et d'impitoyables parebrises). Mais l'espèce survit grâce à la force du nombre.

Pourquoi c'est une ossetie?

La mouche n'est rien de moins que l'une des dix plaies d'Égypte. On n'oublie pas si vite, oh non. Mais aujourd'hui, ce qui nous énerve le plus avec les mouches, c'est qu'elles sont quand même un peu responsables de millions de morts humaines chaque année[1]. En effet, ces insectes sont des vecteurs de maladies assez poches merci. Voici une liste non exhaustive des pathogènes qu'ils peuvent nous transmettre: tuberculose, dysenterie bacillaire, salmonelle, typhoïde, choléra, anthrax ophtalmique, vers parasites, etc. Les vers parasites? Oh shit. Tu veux pas vraiment savoir comment ça marche, mais si t'es game, demande à Google c'est quoi des myiases. C'est généralement bénin, mais totalement badtripant.

1 Je n'ai aucune donnée sur les morts non humaines causées par les mouches, sorry.

Sa mission sur Terre

J'ai dit plus haut que les mouches sont des animaux nécrophages. Sans eux, qui ferait la sale job de nettoyer la planète de toutes ses charognes? Plus il y a de vie, plus il y a de charognes, penses-y. Et les nécrophages ne font pas seulement disparaitre les carcasses: en se nourrissant de chair putride, ils transforment la matière morte en nutriments accessibles au prochain maillon de la chaine alimentaire. En plus, les mouches mangent la marde qu'on fait. Pis de la marde, l'humanité en produit un truck pis une barge chaque nanoseconde. Contribuer à l'élimination des déchets, c'est pas rien. C'est un métier très noble.

Il nous faut aussi remercier les mouches d'être des alliées précieuses pour les coroners: en

Sa vue: 200 images/seconde. Quand t'essaies de la tuer avec ta main, elle la voit arriver au ralenti.
Illustration Aurore Danielou

identifiant les espèces qui ont pondu sur un corps en décomposition, on peut calculer la date du décès, puisque chaque espèce de mouche nécrophage pond à un stade précis de décomposition. Bien sur, il n'y a pas que les mouches qui s'y mettent, plein d'autres insectes s'intéressent aux cadavres! L'entomologie est donc très importante en médecine légale.

Mais l'affaire la plus hallucinante, c'est l'asticothérapie. Ici, on fait principalement appel à la mouche verte métallique (*Lucilia sericata*), dont les asticots ne mangent que de la chair nécrosée ou infectée. Tu vois où je veux en venir? Oui, on laisse de petits

Fuck les crisses de spirales qui sentent le calvaire.

asticots grouillants nettoyer des plaies. Et ils ne s'en prennent même pas aux tissus sains, sont fins comme ça! Ils désinfectent la plaie et stimulent la cicatrisation en travaillant vaillamment jour et nuit, chose qu'aucun chirurgien ne pourrait faire. Bien sur, ces mouches sont élevées en milieu stérile, alors non, tu peux pas prendre une poignée d'asticots random pour nettoyer ta plaie infectée. Va donc à 'pital.

Han qu'on les aime, astheure? Han?

Bien cohabiter avec la mouche

Tu te sens envahie par les mouches et tu cherches à t'en libérer? Il existe bien des manières de dealer avec le problème. Commençons par les mauvaises idées.

Fuck les crisses de spirales qui sentent le calvaire. Mes parents faisaient brûler ça dans le chalet pendant qu'on veillait au feu. Quand on rentrait se coucher, il n'y avait plus une mouche en vie, mais je devais dormir avec un mal de tête pis la nausée. Je serais peut-être plus intelligente aujourd'hui si j'avais pas passé tous les étés de mon enfance à tuer mes neurones en poffant des spirales insecticides.

Les lampes tue-mouches? Trop radical. Et ça tue surtout les insectes qui te dérangent même pas.

Pis les guirlandes collantes? Câlasse. Non. Juste non. T'es-tu déjà pogné les cheveux là-dedans? Moi, oui. Pas l'fonne. Alors imagine mourir englué. Ah, pis ça ramasse pas juste les mouches. Pis le résultat est vraiment répugnant. Non.

Les meilleures idées, maintenant.

Tu ferais pas de mal à une mouche? Alors je te recommande d'essayer une gogosse qui sert à capturer les bebittes sans avoir à les toucher, comme le Humane Bug Catcher ou le BugZooka. (Si tu les essaies, tu m'écris pour me faire part de ton expérience, okay? Ça m'intrigue.)

Mais si l'envie ou le temps te manquent pour courir après les mouches, tu voudras peut-être au moins éviter qu'elles piétinent ta nourriture et vomissent dessus. C'est là qu'interviennent les petites tentes en moustiquaire! Tu places ça par-dessus les bols et assiettes, simplement. Si mes parents avaient utilisé ça durant mon enfance traumatisante à la campagne, ça m'aurait assurément évité des crises des nerfs. Bref, c'est une solution facile, hygiénique et abordable.

La dernière solution est plate, mais incontournable: munis tes fenêtres de moustiquaires. Et assure-toi qu'elles ne soient pas troués. Les mouches ont beau être des superinsectes, elles ne peuvent pas (encore) se téléporter chez toi.

Alors, amies ou ennemies?

Les mouches sont capables du meilleur comme du pire. Dans les pays tropicaux, elles sont vectrices de maladies graves et potentiellement mortelles, mais ici, les mouches ne mettent pas notre vie en danger. Même si elles peuvent être parfois une véritable nuisance, leur utilité est indéniable, car elles sont des vidangeuses essentielles. Et en plus d'être utiles, elles sont l'fonne à étudier.

Je reconnais avoir eu (un petit peu) peur quand j'ai vu *La mouche* de Cronenberg pour la première fois. Ça m'avait un peu troublée de voir un monsieur qui vomit du suc gastrique sur ses beignes avant de les manger. Mais quand j'ai revu le film à l'âge adulte, et que les particularités supposément horrifiantes de la mouche ne me semblaient plus monstrueuses (au contraire!), j'ai pu me concentrer sur l'histoire. Et j'ai failli pleurer. Pleurer de beau, là. De toutes les histoires d'amour du cinéma, c'est surement ma préférée. C'est un peu comme ça avec les mouches. Même si elles m'ont longtemps dégoutée, qu'elles m'écœurent encore un peu à l'occasion, je ne peux m'empêcher d'être émue devant leurs prouesses et leurs superpouvoirs. Les mouches peuvent-elles aimer? Je l'ignore. Mais moi je peux les aimer.

Lora Zepam a dirigé le numéro 144 de la revue *Moebius* sur le thème Animaux et écrit trois fanzines sur des arthropodes mal aimés. Elle habite une grotte avec ses chattes et une armée de scutigères véloces.

Illustration Amélie Tourangeau

« Ne suis surtout pas ce régime [végétalien], tu aurais de graves déficiences non seulement en protéines, mais aussi en fer et en calcium ! »

J'aime manger, j'aime bouger. Guide Nutrition pour les ados, édité par l'INPES (Institut national de prévention et d'éducation pour la santé), 2014

« Beaucoup des animaux iront au grand festin : les vivants autour de la table et les morts posés au milieu. Car le monde, dit-on, est fait de deux moitiés, l'une née pour régner et l'autre pour périr. »

« L'autre moitié », les *Cahiers antispécistes*

« Une idéologie de tendance globalisante sinon totalitaire, végane et antispéciste dans sa forme la plus radicale, vise à modifier la relation entre l'homme et les animaux, ainsi que la place que chacun d'eux occupe dans notre société, conformément aux valeurs que notre civilisation, fondée sur l'humanisme, a héritées de la pensée judéo-chrétienne et gréco-latine. »

Présentation du colloque « L'Homme et les animaux, vers un conflit de civilisations ? »

« Tuer les animaux de façon éthique ? Tuer de façon éthique, ça s'appelle l'euthanasie et c'est pratiqué dans l'intérêt de l'animal, pas dans celui de ceux qui veulent le manger. Tuer sans les faire souffrir ? A-t-on inventé la magie ? Non, mais on a inventé le langage qui maquille habilement des faits ignobles avec des mots doux. »

Brigitte Gothière, « Les animaux ? C'est une lutte politique », *Ballast*

« Les "sans-voix" ont bel et bien une voix, mais celle-ci est délibérément tue ou allègrement ignorée. »

Arundhati Roy

« Oh, non Delphine, dis-moi que tu ne viens pas de défendre le végétarisme en leur disant que la salade était ton amie. »

Camille Brunel, « 1986 : *Le rayon vert*, déjà le végétarisme au cinéma », Vegactu, 22/12/16

« Certains affirment que la production de viande est un mal nécessaire. Aujourd'hui, n'étant plus nécessaire, c'est un mal tout court. »

Matthieu Ricard, « La souffrance d'un animal est plus importante que le gout d'un aliment », *Le Point*, 27/11/16

« Il y a à la fois quelque chose de tragique et de comique lorsque des activistes ne perçoivent pas la pièce manquante de la réflexion militante : le fait que, dans la société contemporaine, notre propre oppression est directement liée à notre appartenance à une "sous-humanité" ou à "l'animalité". C'est pourtant ce qui rend le racisme, le sexisme et tout autre "isme possible. Ces "ismes" sont l'expression directe de l'assignation au stigmate "moins qu'humain.e". Ainsi, il ne s'agit pas seulement d'une question de race ou de genre ; c'est aussi et surtout une question d'espèce. »

Aph Ko, « Why Animal Liberation Requires an Epistemological Revolution », Aphro-Ism.com

« À chaque chose réelle ses conséquences réelles. Au fait qu'un être puisse avoir mal sa conséquence : éviter de lui faire mal. Ceci indépendamment de toute autre caractéristique de cet être. L'éthique non raciste, non sexiste, non spéciste, c'est celle-là. »

David Olivier, « Qu'est-ce que le spécisme ? », 1991

« Enfin, le régime végétalien est monotone et conduit à une certaine exclusion sociale. »

J.-M. Lecerf, J-L. Schlienger, *Nutrition préventive et thérapeutique*, Elsevier Masson, 2016, p. 81

Merci à toutes celles et ceux qui ont collaboré à ce numéro :

Mérida Anderson
Françoise Armengaud
Sarah Arnaux
Sylvette Babin
Christiane Bailey
Magenta Baribeau
Kévin Barralon
Janyck Beaulieu
Lise Bergeron
Ariane Bilodeau
Érica Boudreau
Daphnée Brisson-Cardin
Camille Brunel
Thao Bui
Julien Castanié
Anne-Sophie Cardinal
Aymeric Caron
Maud Chalard
Marie-Michelle Chouinard
Mathilde Cinq-Mars
Frédéric Côté-Boudreau
Jessica Côté-Léger
Sophie Cottarel
Rachel Couture
Aurore Danielou
Yann David
Anastassia Depauld
Élise Desaulniers
Bianca Des Jardins
Sue Donaldson
Vincent Duhamel
Amélie Escourrou
Faunesque
Mélissa de La Fontaine
Martin Gibert
Brigitte Gothière
Stéphane Groleau
Julia Haurio
Dominic Hofbauer
Samuel Jacques
François Jaquet
Seba Johnson
Carolie Joly
Katya Konioukhova
Marie Laforêt
Marilyn Lahaise
Clémence Laot
Renan Larue
Maude Lefebvre
Thomas Lepeltier
Maude Lessard
Élisabeth Lyman
Julie Marchand
Jolin Masson
Ina Mihalache
Marc-Étienne Mongrain (Le Petit Russe)
Sébastien Moro
NEOZOON
Marie Nguyen
Olivia Nguyen
Kim Van Nguyen Thi
Vérina Norodom
Chihiro Okada
Martin Page
Antoine Panaïoti
Yves Paradis
Axelle Playoust
Marie-Claude Plourde
Valérie Poulin
Kéven Poisson
Mario J. Ramos
Jean-Philippe Ravenelle
Same Ravenelle
Jean-Philip Ricard
Julia Roberge Van Der Donckt
Sylvain Rolando
Ana Roy
Émilie-Lune Sauvé
Audrey Sckoropad
Pierre Sigler
Jean-François Tanguay
Catherine Therrien
Amélie Tourangeau
Maëva Tur
Martin Usborne
Joé Végé
Insolente Veggie
Marie-Ève Venne
Ophélie Véron
Gwendoline Yzèbe
Lora Zepam